原典講読セミナー 10

近代政党政治家と地域社会

丑木幸男
国文学研究資料館 編

臨川書店 刊

本書は平成十四年八月に国文学研究資料館で行われた「原典講読セミナー」を活字化したものである。

大学院生を対象として毎夏行われている本セミナーは、数人の教官がそれぞれのテーマに基づき三回にわたって講義をするものであり、刊行にあたって大幅な加筆修正を施している。

目次

第一講　「政府を嫌厭」する政党政治家

新島襄と高津仲次郎

原典セミナーの一環として近代の政党政治家の日記と書簡を利用して、その活動と思想を解明したいと思います。取り上げるのは群馬県選出の衆議院議員、県会議員として明治から昭和に至るまで政党政治家として活動した高《たか》津《つ》仲《なか》次《じ》郎《ろう》（一八五七〜一九二八）です。明治十七年（一八八四）から昭和元年（一九二六）までの日記を残しています。また、高津家には高津仲次郎の発信した書簡はありませんが、高津仲次郎宛の書簡が所蔵されていますので、高津仲次郎の日記と書簡を通して

高津仲次郎（高津和子氏蔵）

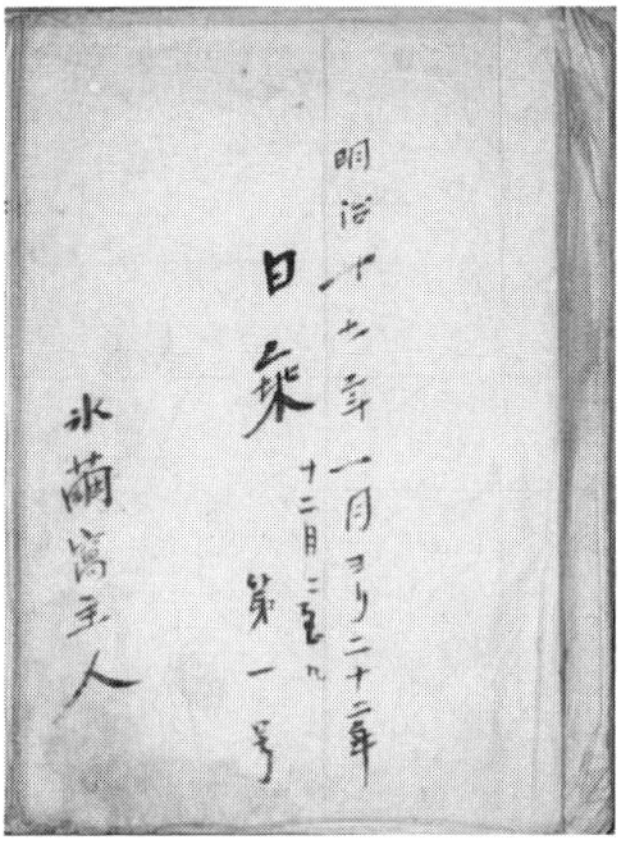

『高津仲次郎日記』第１冊表紙
（高津和子氏蔵）

地方名望家にとって近代とは何だったのかを考えたいと思います。

最初に興味深い書簡を紹介しましょう。

（明治二十一年カ）九月二十二日　徳富猪一郎宛新島襄書簡

昨日は態々御書面御念之入候事に奉存候、本日ハ前橋へ御出向之よし、それに付一寸申上度事有之候、政社之人にして当時常置委員なる高津仲次郎と申人は今回懇意に相成候処、先同人ハ前橋辺之青年中尤有望之人物と存候間、貴兄之御訓導により後藤伯等之為に籠絡せられす迷霧を払らひ活眼を開被下て、前途之計を為し真正之平民主義を上毛地方に発達せしむるに至らは重々之事と存候、貴兄今度之行に彼一人を獲る丈にても随分将来に望みある事と存候間、特別に高津とは御交際御教訓被下度候也

九月廿二日　　新島　襄

徳富猪一郎兄

表書ハ　上州前橋本町二丁目

不破唯次郎君気付

徳富猪一郎様
東京麻布仲之町廿番地
新島　襄

この手紙は『新島襄全集』にすでに紹介されているものとほぼ同じですが、「表書ハ」などと書いていますので原本ではありません。それを写したものです。

『上毛カルタ』

差出人は新島襄（一八四三〜九〇）です。群馬県には昭和二十二年に作られました『上毛《じょうもう》カルタ』というのがあります。上野《こうずけの》国《くに》全体を「上州」とも「上毛」ともいいます。群馬県内の史跡名勝や歴史上の人物、産業、文化を詠み込んだものですが、毎年正月には小学校や中学校でカルタ大会が開かれます。校内のクラス対抗戦や地域の子供会の対抗戦で勝ち抜いたチームが、地区予選に出場し、さらに最後には県大会があります。群馬県で義務教育を終えた人はこの『上毛カルタ』をほとんど覚えています。群馬県人の精神的まとまりを支えているように思います。その『上毛カルタ』には「心の灯台内村鑑三」と並んで、「平和の使徒《つかい》新島襄」とうたわれ、新島襄はキリスト者として知られています。

上州安中《あんなか》藩士であった新島襄はまだ鎖国制度が続いていた元治元年（一八六四）に渡米し、洗礼を受けてキリスト者となり、明治七年（一八七四）に帰国し、安中教会を設立するなどプロテスタント系の組合教会を日本に広めます。明治八年に京都に同志社英学校を設立しましたが、二十三年に数えで四十八歳の若さで病死してしまいます。新島襄の進めた同志社大学への義捐金募集を群馬県内では安中の湯浅治郎《ゆあさじろう》（一八五〇～一九三二）が中心になって進めましたが、高津仲次郎はそれに賛成し二十一年十二月に十円を寄附しています。

受取人の徳富猪一郎《とくとみいいちろう》（一八六三～一九五七）は雅号の蘇峰《そほう》の方が有名です。表書きにあるように徳富蘇峰は明治二十一年に前橋教会の牧師であった不破唯次郎のもとにいました。

蘇峰は熊本洋学校から東京英語学校に進み、同志社英学校に学んだ折に新島襄から洗礼を受けました。十九年に『新日本の青年』を著して「平民主義」を唱えて、当時の青年に大きな影響を与えました。二十年に民友社を設立し、『国民の友』を発行しています。この書簡はその翌年に書かれたものです。湯浅治郎は徳富猪一郎の姉と結婚し、徳富の活動を援助しています。

高津は前年にすでに徳富とは交流しており、高津の日記に明治二十年に東京で徳富猪一郎を訪れ、二十一年三月の高津の出獄慰労会に徳富が出席した記事があります。九月二十四日に徳富猪一郎を安中に訪問し、前橋に同行して前橋英和学校で徳富に「国民ノ気風」を演説してもらっています。

湯浅治郎は安中の有力な醬油醸造業者で、新島から洗礼を受け安中教会を設立するとともに、群馬県会議員に選ばれ廃娼運動を推進しました。二十三年に衆議院議員に当選しますが、新島死後の二十五年に政界を引退し、同志社の経営に専念します。

この書簡（写し）は『上毛教界月報』の原稿用紙を使用しています。『上毛教界月報』は同志社を卒業し、安中教会牧師となった柏木義円《かしわぎぎえん》（一八六〇～一九三八）が明治三十一年十一月に創刊し、昭和十一年（一九三六）十二月の四五九号で廃刊するまで非戦主義を訴え続けた月刊誌です。

ですから、安中教会にいた柏木義円が明治三十一年以後にこの書簡をみて高津仲次郎にその写しを届けたのでしょう。高津仲次郎自身はキリスト者にはなりませんが、キリスト教には理解があり、子どもたちは同じ組合教会の緑野《みどの》教会に所属しています。高津の日記に柏木義円の名前が二回出てきまして、交流があったことが分かります。明治四十二年「十月一日　前橋裁判所ニ於テ教界月報主筆柏木義円ノ犯罪庇護事件控訴公判アリ、徳江亥之助、鵜沢総明ノ弁護アリ、同日帰宅」、同月「四日　前橋裁判所ニ於テ柏木義円控訴棄却ノ宣告アリ（前裁判罰金七十円）」がそれです。柏木は同年七月発行の『上毛教界月報』一二九号で安中町の選挙違反を批判したことを理由に新聞紙法違反で罰金刑を受けましたが、高津が柏木に弁護士を紹介し、裁判を傍聴に行った記事です。あるいはこの前後に書簡の写しを柏木が届けたのかもしれません。

さて、その書簡の内容ですが、新島襄がすでに平民主義を唱道していた徳富猪一郎に、前橋辺の青年のなかで高津をもっとも有望な青年と紹介しています。高津は三十一歳ですでに群馬県会議員になっていますから、現在の感覚からすると青年というにはちょっとふけた感じがします。

二十一年七月に前橋へ宿泊した新島を高津らが訪問します。新島は高津仲次郎を「上毛ノ有志ナリ」と「漫遊記」に記録しています。新島は病を癒すために伊香保《いかほ》に静養にきたのですが、八月に高津らが新島を訪問しました。新島は約一か月半伊香保に滞在し、九月に上京の帰途に前橋にふたたび投宿すると、高津ら前橋の青年十人余が訪問しました。高津は新島が来県した折に三度面会したのです（「漫遊記」『新島襄全集』第五巻）。

大同団結運動を進めていた後藤象二郎に批判的であった新島は、この書簡で高津が後藤に「籠絡」されず、徳富の訓導により「真正の平民主義」を発達させるのに「彼一人を獲る」だけで「随分将来に望みある」、とまで高津を称揚しています。

新島襄に大変見込まれたものです。しかし、高津仲次郎は徳富猪一郎の平民主義には大きな影響を受けますが、新島の意に反してキリスト者にならず、その後「後藤（象二郎）伯等」の進める大同団結運動に邁進します。

高津仲次郎君之伝

次は高津仲次郎が国会議員になるまでの活動を「高津仲次郎君之伝」という『候補者列伝』により紹介しましょう。最初の衆議院議員選挙直前に候補者の経歴紹介が新聞、雑誌などでたくさんありましたが、そのうちのひとつです。簡潔にして正確に高津の経歴を記録していますので、おそらく情報を本人が提供し、著者大久保利夫がそれをまとめたのでしょう。

本文は次のとおりです。

高津仲次郎君之伝

一地方ニ割居シ盛ニ蚕糸業ヲ奨励シテ一国ノ富源ヲ鞏フシ又一部ノ有志者トシテ頻リニ地方教育ノ振興ヲ計リ孜々トシテ怠ラサルノ名士之ヲ群馬県人高津仲次郎君トナス、君ハ安政四年十月八日、同県下上野国緑野郡小野村ニ生ル、家世々農ヲ業トシ養蚕業ヲ以テ管内ニ鳴ル、明治三年西群馬郡渋川町藍園義塾ニ入リ漢学ヲ修メ切磋琢磨学業大ニ進ム、十五年東京専修学校ニ入リ法律及ヒ経済ノ二科ヲ修メ、十六年埼玉県賀美郡藤木戸村発陽学舎ニ入リ英学ヲ修メ、十八年東京専門学校ニ入リ英学及ヒ政治学ヲ学フ是ヨリ先キ明治十七年君郡民ノ推ス所トナリテ県会議員トナリ、次テ十八年常置委員ニ当撰ス、君常ニ学事ノ奨励ニ力ヲ尽シ貧学生ノ為メニ学資ヲ支給スルコト少カラス、十九年其地方学事ノ萎靡振ハサルヲ慨嘆シ前橋町ニ一ノ英学校ヲ創立シ大ニ英学ノ普及ヲ図ル、君常ニ政府ノ干渉ヲ嫌厭スルコト尤モ甚シク曽テ農商務省カ蚕糸業組合ヲ設ケテ実業家ノ事業ニ干渉シ却テ実業ノ進歩ニ妨害ヲ来ス者アルニ方リテ君大ニ憤懣シ他府県ニ率先シテ其組織ニ改革ヲ加ヘ大ニ県下一般ノ実業家ノ為メ便利ヲ与ヘタリ、君又県下ノ人心一致結合ノ難キヲ憂ヘ明治二十年同志者ト謀リ上毛倶楽部ヲ組織シ撰ハレテ委員トナリ専ラ県下ニ公益ヲ謀ル、二十一年更ニ上毛政社ヲ組織シ各地ニ政談演説会ヲ開キ専ラ県民ノ政治思想ヲ培養スルコトヲ力ム、同年上毛政社ヲ解散シ専ラ県下ノ大団結ヲ謀ランカ為メ上毛民会ナル者ヲ組織シ君推サレテ評議員兼幹事トシテ鋭意本会々務ノ拡張ヲ務ム、然ルニ苦心尽力空シカラス、会員日ニ月ニ増加シ、今ヤ凡ソ八百名ノ多キニ至レリ

是ヨリ先キ君ノ蚕糸業中央部会ノ議員トナリ出京シテ同会ニ臨ミ退場スルニ当リテヤ門前二人ノ巡査アリ、直ニ京橋警察署ニ引致シ保安条例第四条ニ依リ二ケ年間皇城三里以外ニ退去ヲ命セラル、二十一年二月二十九日前橋三兆楼ニ於テ上毛政社ノ組織会ヲ開キ了リテ旅店ニ帰リ政友数名ト時事ヲ談セシカ突然数名ノ巡査侵入シ来リ保安条例ヲ犯シテ秘密集会ヲナセシ者ト

シ直ニ拘引シテ獄ニ下サラル、三月七日ニ至リ無事出獄ス、二十二年二月十一日憲法発布ノ盛典ニ際シ特典ヲ以テ退去解除ノ恩命ヲ賜ハル
同年九月条約改正ノ問題起ルニ当リ君上毛民会ノ決議ヲ以テ中止ノ建白書ヲ元老院ニ捧呈スル為メ委員ニ撰ハレ出京シテ書ヲ元老院ニ捧呈ス、其他君カ政治上教育上勧業上尽サレタル功績ハ多々枚挙ニ遑アラスト云フ、嗚呼君ノ如キハ終始其心神ヲ公利公益ノ上ニ熱注シテ怠ラサル者ト謂フヘキナリ（大久保利夫『衆議院議員候補者列伝』）

高津仲次郎は上野国緑野郡中島村で安政四年（一八五七）に生まれました。家業は大規模な蚕種業者です。中島村は明治二十二年（一八八九）の町村合併で小野村に含まれ、二十九年に多野郡《たののぐん》となり、昭和二十九年（一九五四）の町村合併で藤岡市になり、群馬県藤岡市大字中島になりました。利根川支流の烏川《からすがわ》のほとりで、多野郡新町《しんまち》に隣接しています。明治十七年に上野・高崎間に日本鉄道が開通します。いまのJR高崎線の新町駅が設置されました。それまで徒歩で三日かかっていたのが、四時間で上京できるようになり、高津仲次郎はこれを利用して頻繁に上京します。高津仲次郎は文明開化の恩恵を充分に活用したのです。

十三歳になった明治三年（一八七〇）に群馬郡渋川村の漢学者堀口藍園《ほりぐちらんえん》に学びます。堀口藍園は花鳥風月を楽しむだけでなく、政治・経済面で世の中の役に立つ儒学を唱え、自身も明治維新当時

岩鼻《いわはな》（現高崎市）に県庁を置いた岩鼻県知県事大音《おおと》龍太郎《りゅうたろう》から上野国内で三人任命された総長のひとりとして、民政の安定に努力しています。たくさんの弟子を育て「渋川郷学《しぶかわきょうがく》」をさかんにしましたが、高津仲次郎はその高弟のひとりです。当時の多くの名望家が身につけたのと同じく高津の教養の基礎は儒学でした。高津は「晩香《ばんこう》」と号して、漢詩文にもたけていました。日記に漢詩を記し、また近隣の各家に依頼されて漢詩を揮毫し、また新聞などにも高津の漢詩が掲載されています。堀口藍園からは漢学の素養とともに、地域社会に有用な学問の姿勢も学んだのです。

この『候補者列伝』によりますと、明治十五年に東京専修学校（現専修大学）で法律・経済学を学び、十六年に埼玉県藤木士村《ふじきどむら》、今の上里村《かみさとむら》ですが、発陽学舎《はつようがくしゃ》で英学を学び、さらに十八年には東京専門学校（現早稲田大学）で英学・政治学を学んだとあります。高津は漢学の基礎のうえに洋学を学んだのです。

自由民権運動が国会開設を要求してもっともさかんになるのは明治十三年、高津が二十三歳のころです。群馬県では十三年十月に長坂八郎《ながさかはちろう》、木呂子退蔵《きろこたいぞう》連名で「国会ノ開設ヲ願望シ奉ルノ書」を提出したのが運動のピークとなりました。この請願書の写しや関連史料が高津家に保存されていますので、高津仲次郎はこの運動に関心を持ったようですが、まだ運動には参加しないでその理論である洋学を学びはじめたのです。三俣素平《みつまたそへい》らの新町の有志とともに民権結社である明巳会《めいしかい》を組織したのは、明治十四年でした。明治の巳年に結成したので明巳会と命名しました。明巳会は討論会や演説会も開いていますが、学習が中心でした。仲間内の学習だけでは物足りず、東京から宇都宮平一らの講師を招いたりしました。明治十五年に同志の三俣素平は自由党に加盟しましたが、高津はまだ西洋理論の学習だけで政治活動はしていないようです。十七年には高津は群馬県会議員となり、地方政治家の一員になったのですが、さらに勉強を続けたのです。この年に自由民権運動の激化事件として著名な群馬事件、秩父事件が起こりますが、高津は関与しませんし、関心も持たなかったようです。

維新体験

高津仲次郎にとって近代とは何だったのでしょうか。素養とした漢学にあきたらずに洋学から何を学ぼうとしたのでしょうか。

高津が十歳の時に起こった明治維新体験が大きく関係していると思います。晩年の追憶ですが、明治元年の経験を高津は次のように語っています。

岩鼻県知県事大音龍太郎を「殺人知事」と高津仲次郎は断定します。世直し一揆により「無政府状態」となった上野国の治安を維持するために大音は「武断政治」を行い、「博徒狩りを決行し…

僕の家の直ぐ対岸にあたる岩鼻河原でチョキン々々と首を斬られる有様を目撃した。…首斬り場には一枚の荒むしろが敷かれ、その前方には三尺四方の穴が掘られてある。牽かれて来た罪人は後手に縛され、目かくしされた儘その穴の前のむしろに引き据えられ…紫電一閃に首はコロリと穴へ落とされるのだ。然し下手な斬り手に掛ったが最後三度位浴びせられなければ首が落ちない。そんな時には半分落ちかけた首を振って、苦しまぎれにツン伸びやうと、もがくが、タブサを引っぱられてゐるので伸びることも出来ず、その凄惨な有様は思ひ出しても慄然とする。少い日で三四人、多い日になると十五六人は斬る。家の窓からこれを眺めては、その斬り手の上手下手を批評したものだった。…「百姓にして田草を生やしたものは断斬のこと」と布告し、馬に跨がって神出鬼没的に田ん甫に現れ、「この田は誰れの田だ」スパリとやってしまふ。そうして斬った首を刀の先に突き差し馬上ゆたかにその村を見せ歩き、最後に首を竹の棒に突き差してその者の田に立てゝ置くと云ふ乱暴をやった。百姓の驚愕はその極に達し夜提灯をつけて田の草取りをやったものである。…さらに当時我国屈指の艦船学者たる小栗上野介を権田河原（群馬郡倉田村烏川筋）に斬首の暴挙を敢行するに及んだ…在任五ケ月余に亘彼の知事時代は全く血で彩どられ、群馬県政史の一頁は血で書かれたのである。」（『上毛新聞』昭和三年九月五日）。

高津仲次郎にとって明治維新は明るい夜明けではなかったのです。大音知県事のように住民を殺害し、さらに高津が優れた艦船学者、「幕府唯一の外交家、財政家、軍政に関する蘊蓄あり、海事家」と称揚する海軍奉行、勘定奉行を歴任した小栗上野介忠順《おぐりこうずけのすけただまさ》を殺害するなど、強大な権力を恣意的に振るう点では江戸幕府も明治政府も変わりはないと受け止めたのです。高津は「政府の干渉」を嫌い、政治面でも産業面でも自由主義を主張します。また、終生官僚にはならずに政党政治家をまっとうした原点は、この明治維新体験にあったようです。民権運動家、衆議院議員から知事や官僚になる地方名望家が多かったなかで、高津仲次郎は政党政治家としての立場を一貫させています。権力を握った政府は国民の意思を無視した政治をする可能性が高いことに対する怖れが強かったのです。

高津が西洋の理論から学んだのは、強大な権力を持つ政府を統御し、国民が国政に参加し国民のための政策を実施することがすでに西洋では実現していた、そのための機関として国会があるということでしょう。国民は幕府なり政府なり国家権力に支配される客体ではなく、国民が政治に参加できるのが近代社会であることを学んだのです。また、政府権力が強大であり、国民の意に反した政治を行う可能性が高いという認識があったからこそ、それにからめとられることを嫌って在野の政治家の立場を貫いたのです。同時に住民とともに生き、その意向を汲み上げる地方名望家として生きたのです。高津仲次郎は、居住する中島村だけでなく、県会議員、衆議院議員となりますので群馬県全域を含んだ地域社会の振興を望みました。そのための政策実現を政府に期待します。ですから高津は政府を批判したり妥協したりしながら、在野の政党政治家として現実的なバランス感覚を失わずに、明治から昭和にかけて長い間、地方政治の先頭に立つことができたのだと思います。

上毛倶楽部と建白書

先ほどの『候補者列伝』にあったように、高津が政治的に活躍するのは明治二十年の大同団結運動からです。群馬県で上毛倶楽部、上毛政社、上毛民会の三つの政社を次々に組織します。

井上馨《かおる》外務大臣の進める条約改正交渉についての反対運動は明治十九年から大きくなってきましたが、二十年七月二十日、谷干城《たにたてき》農商務大臣が条約改正に反対して辞職したことでさらに盛り上がり、七月末に井上外相は条約改正を無期延期することを各国に通告しました。

この運動の成果を背景に伊藤博文内閣の責任を追及して二十年九月二日、浅草井生村楼《いぶそんろう》で全国有志懇親会が開かれ、「外交策の刷新」「地租軽減」「言論集会の自由」の三大運動展開を申し合わせました。

高津仲次郎はこうした運動の盛り上がりのなかで度々上京し演説会に参加したり、大同団結運動の中心人物の後藤象二郎や、尾崎行雄を訪問し、群馬県での運動の中心人物になっていきました。

明治二十年十月十二日に前橋の臨江閣で上毛倶楽部という大同団結運動に呼応する団体を結成しました。十一月二十五日、上毛倶楽部総会を開き、「言論出版ノ自由ヲ得ルノ建白書」を元老院に提出することを決定し、建白書起草委員に福田和五郎、宮口二郎、関農夫雄《せきのぶお》らとともに高津が選ばれています。十二月十二日、四八九人の総代として、上毛有志建白書を元老院へ宮口二郎・関農夫雄・高津仲次郎三人の連名で提出しました。高津は「外交策の刷新」「地租軽減」「言論集会の自由」の三大事件を取り上げたかったのですが、前の二つは群馬県内の地方名望家のあいだで異論があるのでとりあえず棚上げして、「言論集会の自由」のうち集会よりも出版に重点を置いて「言論出版の自由」だけに限定したのです。運動の中心であった県会議員は群馬県会で県当局とやりあっていますので、県会議員クラスの有志は「言論出版の自由」が阻害されていることについては怒りを持っていたのです。県会を舞台に官僚と対決するためにも、県内の民権勢力の大同団結が必要なので、そのために上毛倶楽部を組織し、様々な意見がある中で中央の政治課題のうち一致できる具体的な活動として「言論出版の自由」の建白書提出に取り組んだのです。

その建白書には「言論出版ノ自由ハ政府ノ抗敵ニ非スシテ政府ノ援軍ナリ」と書いてあります。国家擾乱の煽動者ではなく擾乱を鎮定する防禦者である。言論出版の自由は立憲政体に附帯するものであり、国会開設にもっとも必要なものである。しかるにわが国で言論出版の自由がないのはどうしたことであろうか。われわれはもとより温良柔順にして、みだりに敵気を抱く徒ではない。皇室に対する義務を知り、国家のために尽くすことを誓う者である。ぜひこの議を採納し陛下に奏聞し、言路を開闊《かいかつ》し民意を暢達《ちようたつ》し輿論《よろん》の公道に則ることを希望する、と訴えていますが、他県の建白書と比較すると大変微温的な内容で、群馬県会議員を中心とする名望家の意見を代表しているように思います。政治的中間層として民衆とは一線を画し、彼らの暴発を抑えるためにも言論集会の自由を訴えたのであり、国政への参加を希求しています。

この建白書提出を契機に、高津は上毛倶楽部をさらに発展させ、政治運動を行う政社の設立を計画し、二十一年一月十日、宮口二郎・関農夫雄・野村藤太《のむらとうた》・多賀恒信《たがつねのぶ》・角田喜右作《つのだきうさく》らと上毛政社設立を相談しています。

保安条例による追放

政府は地方の有志が上京し運動して大同団結運動が高まると、二十年十二月に保安条例を制定して弾圧しました。高津仲次郎は家業に関わる蚕糸業組合中央部会議に出席した帰りに京橋警察署へ引致され、二十一年二月に保安条例により皇居外三里に二年間追放され、横浜で同じく追放された星亨《ほしとおる》、中島信行らを訪問してから小田原、熱海の旧跡を訪ねて中島村へ帰郷しました。処罰を受けた次の命令書が高津家に保存されていますが、無実の罪で処罰する政府の強大な権力を嫌うとともに、それを証明する史料を保存する高津仲次郎の丹念な性格を示しています。

群馬県　高津仲次郎

保安条例第四条ニ依リ満弐箇年退去ヲ命ス

但明治二十一年二月十八日午十二時ヲ限リ退去スヘシ

明治廿一年二月十七日

警視庁㊞

以後は上京が禁止されましたので東京で活動することができなくなってしまいました。保安条例の弾圧により東京での活動が衰退したことを理由に、大同団結運動は民権運動としての性格を失い、衆議院議員選挙運動を中心とするようになり、民権運動は終わったと評価されることがありますが、東京中心の見方のように思います。高津らの活動をみますとたしかに東京での活動はできなくなりますが、運動が衰退したのではなく地域での活動を活発に展開しています。民権運動家が地方に分散したことにより大同団結運動が全国に普及したのです。

上毛政社と後藤象二郎演説会

高津は二月二十九日に、前月から準備を進めていた上毛政社創立会を開き、関農夫雄、多賀恒信とともに幹事に選出されました。高津と関が二年間、多賀は一年間保安条例により東京を追放されているさいちゅうです。保安条例で処罰された三人が当選したのです。そのためでしょうか、その夜に、前橋警察署へ秘密集会嫌疑で高津ら八人が拘留され、投獄されてしまいました。

追放された高津仲次郎らを前橋警察署が要注意人物として監視していたので、前橋の旅館でなにやら集会しているということで投獄されたのでしょう。この間のことは『高津仲次郎日記』に次のとおり詳細に記録しています。

廿一年二月　上毛政社設立会ヲ開ク、八名収監セラル

廿九日　前橋三丁楼ニ於テ上毛政社創立会ヲ開ク、会スルモノ殆ント二十人、幹事三人ヲ公撰ス、高津仲次郎、関農夫雄、多賀恒信当撰ス、散会シテ鍋屋弥平方ニ投宿ス、中島祐八、三又素平《(保カ)》同宿、同夜八時頃多賀恒信、桑原靜一、関農夫雄、深沢利重、鈴木豊助ノ五氏来訪セリ、深沢関ノ二氏ハ余ト英学校ノ維持法ヲ謀ランガ為メナリ、他ノ三氏ハ敢テ謀ル処アルニアラズシテ、来遊セシナリ、然ルニ九時頃ニ至リ巡査二人入リ来リ、警察署ニ拘引シ保安条例ヲ犯スモノト認メ、監倉ニ拘留ス、同夜監倉ニ入リシハ四時過ギニテアリシ

獄窓ノ状況

三月一日　午前四時頃前橋未決監ニ到ルヤ、白洲ニ於テ看守長渡辺重巽氏獄中ニ於テハ謹慎

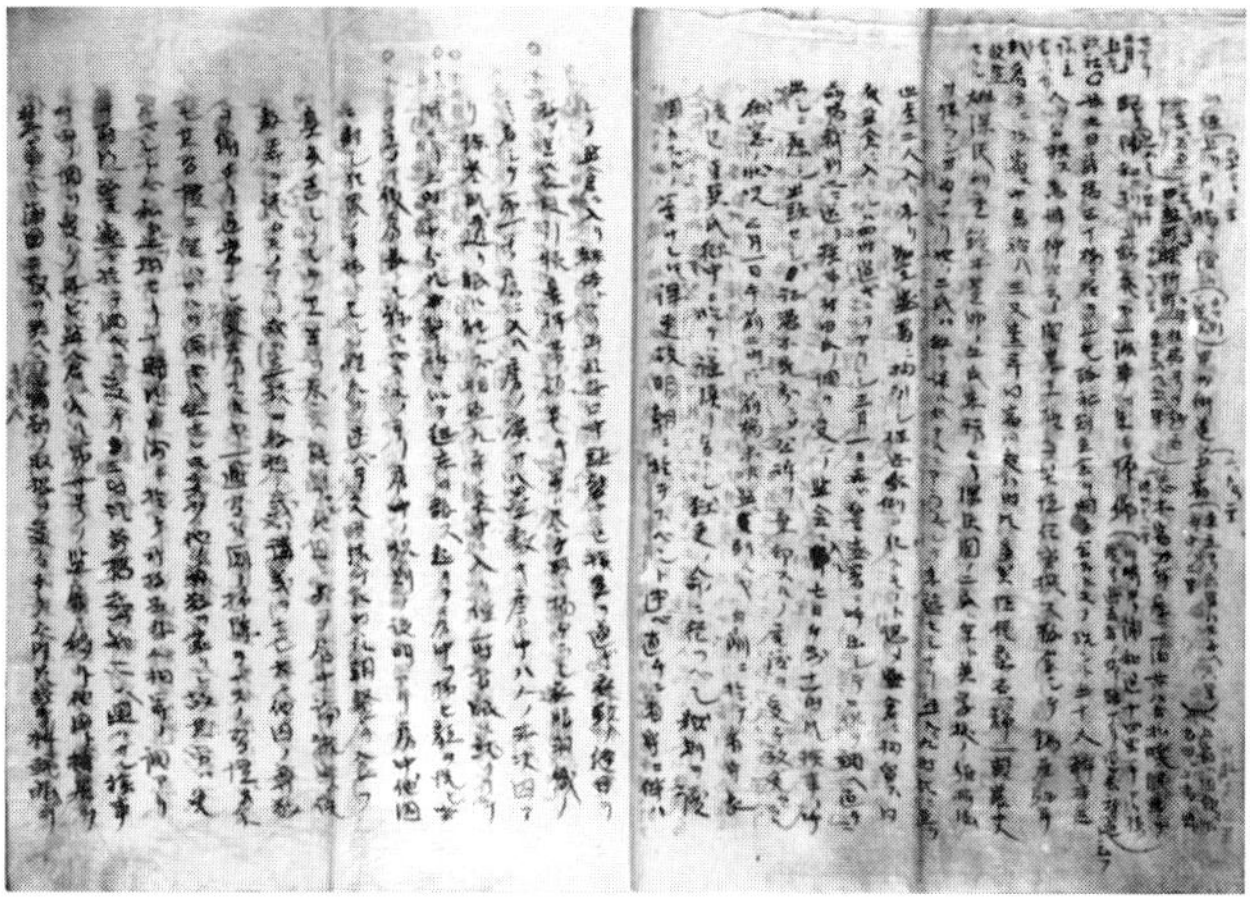

『高津仲次郎日記』明治21年2～3月（高津和子氏蔵）

ヲ旨トシ、獄吏ノ命ニ従フベシ、獄則ヲ読聞カスルノ筈ナレトモ、深更故明朝ニ於テスベシト述ベ、直チニ看守ニ伴ハレテ監倉ニ入リ、裸体トナリ耳孔及口中頭髪中迄検査ヲ遂ゲ、衣類ノ縫目ヲ改メ足袋・股引・犢鼻褌・帯・領巻キ等ハ尽ク取リ揚ゲラレ、衣服羽織ノミ着シテ第一号房ニ入ルレ、房ノ広サ八畳敷キ、房中八人ノ未決囚アリ、余寒肌ニ透リ眠ル能ハズ、相原九平ノ衾中ニ入リ、僅一時間眠ニ就クコトヲ得タリ

六時三十分頃撃析ヲ以テ起床ヲ報ス、起キテ房中ヲ掃ヒ顔ヲ洗ヒ坐ヲ定メテ、後房長トモ称スベキモノヨリ房中ノ規則ノ説明アリ、房中ノ他囚ニ対シ犯罪ノ事柄ト、己レ

ノ姓名ヲ述ベテ交ヲ結ブ、八時頃朝餐ヲ食フ、臭気甚シクシテ其半ヲ尽ス能ハズシテ他囚ニ与フ

房中論語実語教等ヲ読ムモノアリ、或ハ素読ヲ教授シ、或ハ講義ヲナシ、大ニ他囚ノ尊敬ヲ得タリ、通常ナレバ入房スルヤ一週間ハ厠ノ掃除ヲナスノ習慣ニシテ、余モ其習慣ニ従ハザルヲ得ザル訳ナレトモ、多少他ノ尊敬ヲ蒙リシ故、其労ハ免ルベシト心私カニ之ヲ期セリ…

二日　毛布及食料ノ差入物アリ、午后四時頃十分間運動ヲ許サル、通常ノ囚徒ハ二時頃房内ノ検査アリシガ、八人ノモノハ之レヲ免ル

七日　午前十時頃検事ノ召喚アリ、法廷ニ於テ公訴ノ棄却アリ、再ビ監獄ニ帰リ所持品ヲ受取リ出獄シ、八人共ニ撮影ス、入監中親族知己ヨリ見舞金百二十一円十銭（ママ）ニ達シ、差入其他ニ費消シタル金額四十一円三十銭三厘ヲ引去、七十九円八十銭七厘ナリ

十三日　前橋臨江閣ニ於テ出獄者八人ノ為メニ慰労会アリ、会スルモノ九十余人、同日徳富猪一郎氏臨会セリ

上毛政社設立を相談し、その後、深沢利重、関農夫雄と英学校について相談していたところに巡査が入室して、保安条例違反として関農夫雄、多賀恒信、中島祐八《ゆうはち》、三俣素平、桑原静一《せいいち》、深沢利重、鈴木豊助と高津の八人が投獄されたのです。

保安条例第四条には「皇居又は行在所を距《へだ》る三里以内の地に住居又は寄宿する者にして内乱を陰謀し又は教唆し又は治安を妨害するの虞《おそれ》ありと認むるときは、警視総監又は地方長官は内務大臣の認可を経、期日又は時間を限り退去を命じ、三年以内同一の距離内に出入・寄宿又は住居を禁ずることを得。」とあり、この条文によって高津らは追放され、さらに「退去の命を受けて期日又は時間内に退去せざる者又は退去したるの後更に禁を犯す者は、一年以上三年以下の軽禁錮に処し、仍五年以下の監視に付す。監視は本籍の地に於て之を執行す。」と規定されており、この規定に基づいて監視されていたのでしょう。

第五条には「人心の動乱に由り又は内乱の予備又は陰謀を為す者あるに由り治安を妨害するの虞ある地方に対し、内閣は臨時必要なりと認むる場合に於て、其一地方に限り期限を定め左の各項の全部又は一部を命令することを得。」と規定し、具体的な条項を挙げていますが、その第一項に、「一凡そ公衆の集会は、屋内・屋外を問はず、及何等の名義を以てするに拘らず、予め警察官の許可を経ざるものは総て之を禁ずる事。」とあり、この条項に違反するとして拘留されたのでしょう。

しかし、当時の前橋が「人心の動乱」とか「内乱の予備又は陰謀を為す者ある…治安を妨害するの虞ある地方」とはいえないでしょう。しかも集まった深沢利重は製糸業者でキリスト教徒、鈴木豊助もキリスト教徒、他の五人は民権運動を進めていた高津の同志で、中島祐八、三俣素平は県会議員でした。保安条例を不当に拡大解釈した弾圧といっていいでしょう。

高津仲次郎は生涯に三度投獄されますが、最初の投獄です。この自分の体験から関心を強く持つようになり、以後各地を訪れると監獄を視察しています。

午後九時に拘留され、午前四時に白洲で細かな注意は翌日にすると宣告されて投獄されました。裸にされて耳の穴、口中、頭髪まで検査された後に第一号房に入れられたが、寒くて寝ることもできず、同囚の布団に潜り込んで一時間ほど寝たといいます。獄中では『論語』や『実語教』を読んで講義をしたところ同囚の尊敬を受け、新人はトイレ掃除などをする習慣であったが免れたと喜んでいます。三月一日に投獄されましたが、具体的な犯罪を犯したわけでもありませんので、七日には公訴棄却となり出獄して記念撮影をしています。無実の罪で七日間も投獄されたことには驚きます。十三日に徳富猪一郎も出席して出獄者慰労会を開いてもらっています。

出獄後運動を再開し、上毛政社の政談演説会を開催しています。

四月二十二日には後藤象二郎を招いて福島県で開かれた東北七州懇親会に高津は出席しました。その後東北地方を漫遊し各地の有志を訪問し、旧跡を訪ねましたが、五月三日に明治十三年に国会開設請願書の上京委員となった斎藤壬生雄《みぶお》を訪問しました。

斎藤壬生雄は武蔵国川越藩士で、川越藩は後に居城を川越から上野国前橋に移して前橋藩となりますが、前橋藩が譜代藩でありながら薩摩長州軍と闘わず、会津と徳川宗家を支える密約を履行しないことに反発して、前橋藩を佐幕派とすることを主張しましたが、容れられず脱藩して会津へ走り一緒に薩長軍と闘いました。その後、民権運動に活躍し、明治十六年には自由党の幹事に選出されました。しかし、一転してキリスト者となり二十年に山形七日町教会牧師となっていたのです。

高津は県内の民権勢力を大同団結するために、明治十三年に国会開設請願運動を進めた先輩を訪問して、その経験を聞いて大同団結運動を展開する参考にしたのでしょう。

高津は日記に斎藤壬生雄の訪問記事を次のとおり詳細に書き留めています。

七日町基督教講義所ニ斎藤壬生雄氏ヲ訪、信徒僅カニ七八人ナレトモ、漸次増加ノ望ミアリト云、県知事ハ先ツ民望アル方ナリ、警察モ至テ寛ナリ、県下ニ山形義会・羽陽同盟会ノ二会アリ、山形義会ノ首領ハ鳥海時雨郎ニシテ、重野謙次郎之レヲ助ク、羽陽同盟会首領ハ佐藤軍次ニシテ駒林之レヲ助ク、山形新報ハ山形義会ノ機関トナリ、出羽新聞ハ羽陽同盟会ノ機関トナル、二会トモ民権主義ナレトモ人ニ党スルニ過ギズ、旧藩ノ時、間口税ヲ課セシ故、商家ノ間口狭クシテ奥行長シ、人気ハ温和ニシテ少シク緩慢ニ流ル、金銭濫費ノ弊少シ…

監獄ハ八十間四方ニシテ、一丈二尺ノ煉瓦塀ヲ以テ圍ヒ、総囚員六百七十人、内役裁縫・靴・機織・土木・煉瓦製造等ナリ、菜代ハ一日一銭五リ、日曜毎ニ牛肉、土曜毎ニ魚類ヲ与フ県会役員撰挙ノトキハ前日庁下ニ集リ候補者ヲ撰定ス、故ニ本撰挙ニ於テ投票ノ分離スル弊ナシ、議員総数四十七人、羽陽・山形二十二人宛、中立三人ナリ、山形義会十九年九月組織、代言人県会議員等多シ、会員凡四百人、羽陽同盟会ハ豪農商多シ、会員凡四百人、山形義会ハ保安条例ノ発布ノ為メニ解散セリ、其後ニ至リ大早計ナリシヲ悔ユルモノヽ如シ

民権運動から離れてキリスト者となった斎藤壬生雄が山形地方の民権運動の状況を知悉し、関心は高かったことを示しています。また、高津は山形監獄を視察しています。

翌二十二年一月に斎藤は次のとおり高津に年賀状の返信をしています。

明治二十二年一月　斎藤壬生雄書簡

（封筒表）「群馬県前橋北曲輪町　高橋方

高津仲次郎様

親展」

（封筒裏）「山形県山形香澄町字小鎗

斎藤壬生雄」

（スタンプ）「上野　前橋　廿二年一月十七日」

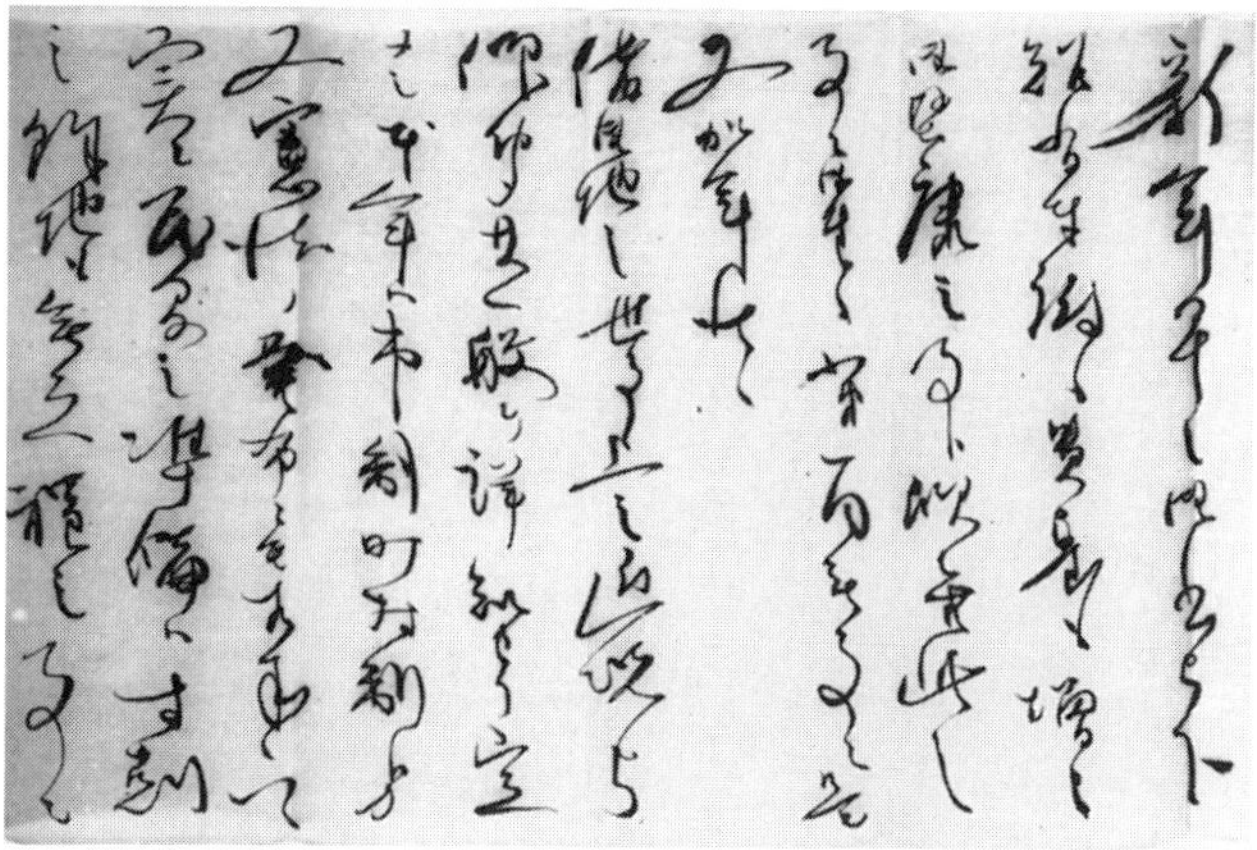

明治22年１月斎藤壬生雄書簡冒頭部分（高津和子氏蔵）

新年早々御書被下難有奉謝候、貴台も増々御堅（健カ）康之事ト欣喜此之事ニ御座候、小弟一同無事ニ是又加年仕候

偖御地之世事上之近況被仰聞其一般ヲ詳知セリ、定メシ本年ハ市制町村制トカ又憲法ノ発布ニモ相成候ハ、実ニ民間之準備ハ寸刻之余地も無之程之事ニ御座候、且又弥政治上ノ主義目的ハ確定シ真正之政党ヲモ組織スルノ時ニ候間、各地共各党派ヲ生シ随分共激烈ナル場合も可有之思考仕候、御地之景況ハ今回之御報道ニ接シ始メテ分裂ヲ発表シタルヲ知ルト雖、元来小弟ハ如此可相成事ト信認仕候、是則吾国ノ為メ又政治上斯ク可相成怪ムニ足ラサルナリ、十数日前新井毫氏より一片の書ヲ送ラレ同氏の考ト御地ノ概況ヲ知ルヲ得タリ、猶貴書ニヨリ益々明了ナリシ

当山形県ハ政治上ニ於テ二派ニ分離シ、一ハ兄之御来形ノ時ニ面会セラレタル佐藤等ノ組、出羽新聞、一ハ重野氏等ノ組、山形新報ニ御座候、右二派共ニ大同団結派ニ御座候得共、両派之間ニハ非常ナル競争（否云々）御座候、乍然両派共大兄御来形之頃トハ頗ル相違シ熱心ニ尽力致シ居候、或ハ学術演舌会ト唱ヘテ地方ニ出ルモアリ、種々ナル手段ニ余念ナキ様被考候、小弟等ハ宗教上ニ専ラ関スルガ故ニ世外之者ノ如ク彼レ等ハ思ヒ、殆ント不顧様ト彼レ等ノ弛漫ナルニハ驚ケリ、或人ハ小弟ニ種々政治上ノ事ヲ勧メ、又基督教ハ虚弱ナルガ如ク申シテ小弟等ヲ鼓舞スル者モ有之候、小弟笑テ答ル耳、余モ霊魂アリ日本人民ナリ、又従来ヨリハ多少コリクツトカ論理トカ文章トカ云フ事モ何トナク聞知シタレハ、無神経ニモ無之ト位の事ニ御座候、御一笑被下度候…

夜中乱筆御用捨ヲ乞フ

一月十四日

斎藤壬生雄

高津仲次郎様

かつての自由党幹事の斎藤からみれば、山形県で二派に分裂して進める大同団結運動がはがゆかったのでしょう、その「弛漫」に驚いています。斎藤が自由党で活躍したことは知られていましたから、山形県で政治活動を勧める者もあり、笑って断るだけですが、「霊魂」ある日本人民である斎藤は「無神経ニモ無之」と、政治世界とは絶縁して宗教界に専心する決意に従っているはずなのに、内心では動揺している自分を自嘲しています。新井毫と手紙のやりとりをしていますので、明治十三年当時だけでなく二十三年の大同団結運動にも斎藤は関心を持ち続け、後輩の高津に助言をしたのでしょう。

次いで高津仲次郎は明治十三年の国会開設運動で上京委員であった木呂子退蔵を、二十三年八月二十一日に館林に訪問しています。大同団結運動を進めるにあたって、様々な意見があった民権諸勢力が合意できた、国会開設請願に目標を限定して進めた運動の経験を学んだのでしょう。

こうした準備を経て、高津は六月ころから群馬県での大同団結運動のイベントとして、新島襄が批判していた後藤象二郎を招待する演説会を計画します。

すでに高津は三度も後藤象二郎を東京の自宅に訪問し、保安条例により追放されてからも、後藤を招待した福島県、茨城県古河《こが》などの有志懇親会の席上で面談して、交流していました。

高津と関農夫雄が群馬県での演説会に招待したことにたいして、六月二十日に後藤象二郎がなんとか日程を差し繰って演説会を実現することを約束する手紙を出しています。後藤との連絡調整をしたのが、斎藤壬生雄のいとこで民権運動をともに進めていた旧前橋藩士族の小勝俊吉《こかつしゅんきち》です。前年の九月に東京の八百善《やおぜん》で開いた近県有志懇親会で高津は小勝に会っており、同年末に小勝が逮捕された折には留守家族を見舞ったりしています。

こうした後藤のような中央名望家との個人的なコネクションを維持するため、同郷者など親しい人物の仲介が大きな役割を果たしたのです。中央名望家と個人的なコネクションを多く持つことにより、地方名望家として地域社会での指導権を維持することができるので、高津仲次郎は積極的に中央名望家と接触したのです。多くの人脈を持つことは今でも重視されているようです。

九月六日に次のとおり小勝が高津に連絡をしています。

明治二十一年九月六日　小勝俊吉書簡

（封筒表）「群馬県前橋市曲輪町　松村方
　高津仲次郎様」
（封筒裏）「東京々橋区釆女町十五番地　政論社
　九月六日　　小勝俊吉」
（スタンプ）「上野　前橋　廿一年九月七日　ロ便」
高津君、四日附の御書拝見致候、後藤伯招待之義ニ付専ら御尽力奉感謝候、終ニ高崎有志を以

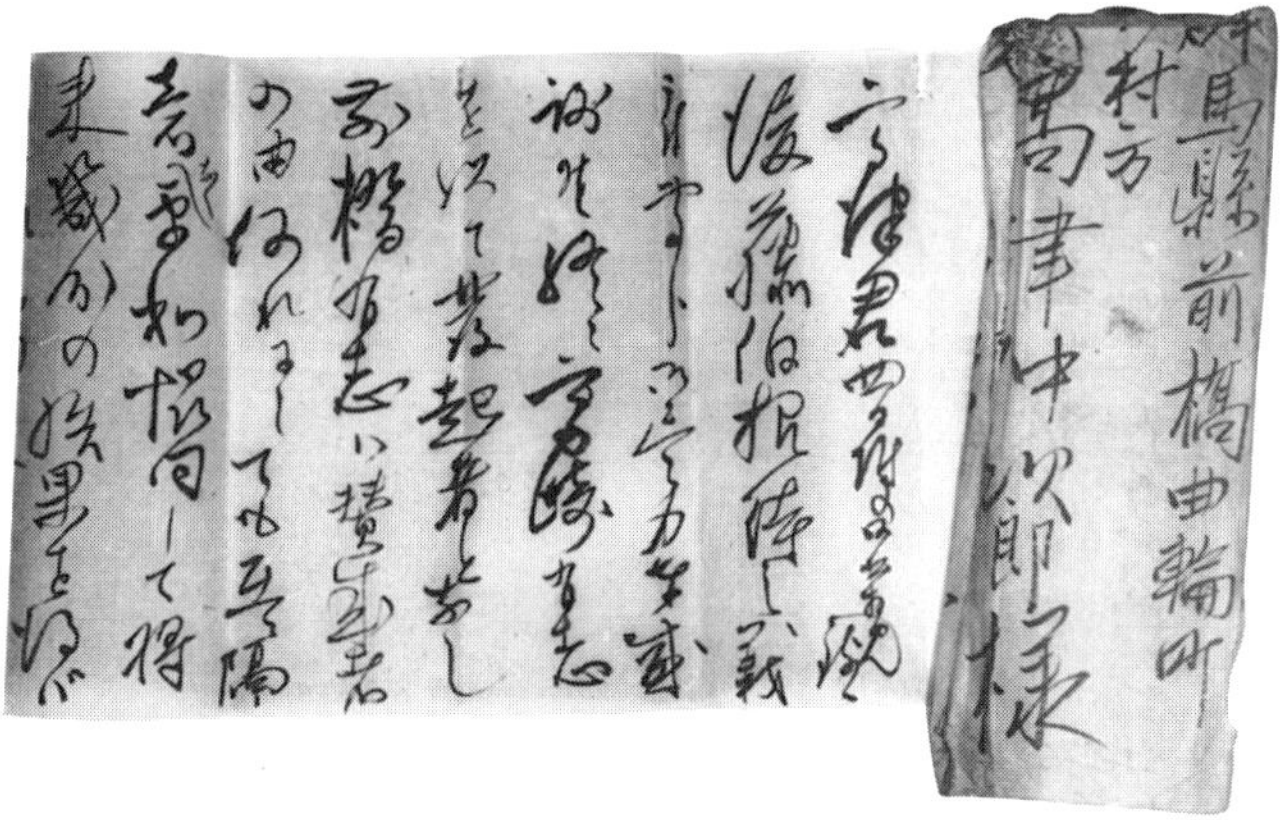

明治21年9月小勝俊吉書簡冒頭部分（高津和子氏蔵）

て発起者となし前橋有志ハ賛成者の由、何れにしても互ニ隔意なく平和協同して将来幾分の結果を得バ御同様ニ満足可致、併し此際彼我の間に於て頗る御配慮を煩ひたる事と奉存候、尚ホ今後不都合を生せさる様精々御注意の程偏ニ御依頼致候後藤伯ニハ来る十四十五十六の中を以て熊谷駅の有志招待ニ応し同所へ赴く都合、就てハ熊谷の翌日を以て群馬江赴くべしと明言致され候間左様御承知、諸事御配慮被下度、尤も右の趣ハ昨夜伊賀氏迄申通し置候、熊谷の期日ハ十五日となるか十六日となるかハ近日相定り可申、右決定次第速ニ御報可致候

過日も申上候発起人、賛成人等ハ可成県会議員或ハ富商豪農等ニ致度、右御含ニて御周旋奉願候且ツ右招待と決定候ハヾ兎ニ角委員上京親しく伯

江招待の主意を申入れ相成様致度、否な之れが礼かと存候、小生ハ只諸君の内意を取次きたる迄の事ニ有之候間、其辺も御序の節諸君と御協議被下度奉願候、場所ハ何れなる哉、決定致さざる哉、未だ伊賀ヨリ何等の通知無之、其当日ニハ小生も参会致度と存候得共事務の都合ニより或ひハ欠席可仕、其節ハ別して伯と有志との間に対し可然御尽力願上候

今回の事ハ政治社会以外の人迄も可成多数相会し偏頗なきやふ致度企望致候、余ハ後便、草々

九月六日　　　　小勝俊吉

高津仲次郎様

多賀恒信様

関　農夫雄様　外諸君

高津たちの後藤招待の意向について、小勝は後藤が九月十四日ころに埼玉県熊谷の演説会に出席するので、その直後に群馬県に行く予定などを伝えています。

群馬県内の民権勢力には前橋派と高崎派との対抗が以前からありました。高崎派は中心人物の宮《み》部《や》襄《べのぼる》、長坂八郎が照山峻三《てるやましゅんぞう》殺害事件で逮捕されたために、勢力は衰えていましたが、後藤招待を伊賀我何人らの高崎派も計画していたようで、高津は発起人を高崎派として、前橋派はそれを援助

することにして両派で開催することを小勝に伝えたのでしょう、小勝は演説会を成功させ成果を上げることが肝心であると両派の調整を依頼しています。高津は明治十三年当時にはまだ民権運動には参加していませんでしたので、両派いずれにも所属することもなかったために、両派を調整することに適任の立場にいたのです。

演説会の性格について「発起人、賛成人等ハ可成県会議員或ハ富商豪農等ニ致度」と、県会議員や富商、豪農を中心として、「政治社会以外の人」も参加できることを希望しています。大同団結運動は地方名望家を中心とする運動であり、民衆には期待していなかったことを示しています。

後藤を招待した演説会、懇親会は九月十六日に前橋の臨江閣で開催され、大石正巳、小勝俊吉や菅了法《すげりょうほう》らが同行し、群馬県内の政界、実業界から二〇〇人近くが参加し、上毛政社が計画した大同団結運動のイベントは大成功裏に終わりました。

上毛民会

高津仲次郎はこの演説会の成功によりさらに大同団結運動に呼応して中央の運動と密接に連携する組織として上毛民会を明治二十一年十二月十一日に設立し、上毛政社では取り上げられなかった条約改正反対運動を展開します。有志の懇親会的性格の強い上毛倶楽部、運動を県内に限定する上毛政社から、中央の運動に呼応する上毛民会と、次第に政治結社の性格が濃厚になる団体を次々に組織したのです。

高津は宮口二郎・関農夫雄・中島祐八・三俣素平とともに上毛民会の大同団結委員に選ばれ、木《こ》暮《ぐれ》武《ぶ》太《だ》夫《ゆう》、野村藤太、旧自由党高崎派の伊賀我何人、旧前橋派の多賀恒信、桑原静一、笹治元、竹内鼎三、上毛青年会の石島良三郎らが民会の委員にそれ以外に選ばれました。しかし、中央の運動と切り離して地域内の運動に限定することを主張して、上毛民会に反発する角田喜右作・野口茂四郎ら約二十人は十二月十四日に上毛同志会を結成して対抗しました。群馬県における民権勢力が分裂してしまったのです。斎藤壬生雄が書簡で運動の分裂を予期していたことを高津に伝えましたが、中央の政治運動との連携を歓迎しない勢力が群馬県内で根強かったのです。

高津は民権勢力の分裂を予期したのでしょうが、運動の盛り上がりを背景に大同団結運動の中心的な課題であった条約改正反対運動に取り組むことにより、その後の運動における群馬県勢力の地位を確保することができると判断したのでしょう。

二十二年二月の憲法発布を記念する恩赦により高津は次のとおり東京退去を解除されました。

群馬県　高津仲次郎

保安条例第四条ニ依リ曩ニ退去ヲ命したる処特典ヲ以テ解除セラル

明治二十二年二月十一日

警視庁印　（高津家文書）

早速二月十五日に上京し、伊藤博文が自宅で行った憲法講義を傍聴し、二月十八日には大同団結大会準備会に出席しました。主唱者の後藤象二郎が入閣したために中心がなくなった大同団結運動の進め方を相談し、二十三日には政論社で大同団結同意者の集会に出席し、杉田定一、板倉中《ちゅう》らとともに高津仲次郎が評議員に選出されました。三月二十一日には後藤の影響力の強い政論社から分離独立して東京倶楽部を設立することを決定し、二十四日には宇都宮で開いた関東会で星亨が大同団結運動に連合し、各県から一人づつの委員を出すことを提唱しました。しかし、星亨は秘密出版事件で投獄されて運動から一時離脱しましたので、福島県の河野広中《こうのひろなか》と東京の大井憲太郎が運動の中心に登場してきました。先に紹介した『候補者列伝』にはこのように衆議院議員選挙直前までのことが書かれています。

条約改正反対建白書

こうして追放を解除された高津仲次郎は東京での運動に関わりながら、大同団結運動に呼応する運動を群馬県で展開する組織として上毛民会を位置づけようとしていました。四月十四日に上毛民会大会を前橋で開き、高津仲次郎、三俣素平、中島祐八、野村藤太、伊賀我何人らが評議員に選ばれました。

五月四日に両国の万八楼《まんぱちろう》で開かれた東京倶楽部臨時会の後に、関東有志会を開き、群馬県からは三俣素平、伊賀我何人、高津が出席しています。この大会から河野広中と大井憲太郎とが政社・非政社を主張して、運動内部の対立が高まり、結局大同団結運動は分裂してしまいます。高津は分裂に反対しましたが、非政社論者を中心とする関東会に出席した高津は、板倉中らとともに政社論者とみなされて退場させられてしまいます。

五月十日に板垣退助を迎えて大同団結大会を開き、河野広中、植木枝盛《うえきえもり》らを常議員として大同倶楽部を設立しますが、それに同調しない大井憲太郎らの非政社論者は同日に大会を開き大同協和会を設立し、二派に分裂してしまいました。高津とともに中島祐八、三俣素平、竹内鼎三らは河野広中らの大同倶楽部に所属します。

七月九日、上毛民会評議員会を開き、高津が外国人裁判官任用などを批判する条約改正反対建白書を提案すると、意見がまとまらず、決定は延期になってしまいました。上毛倶楽部で棚上げにした条約改正建白書提出を、大同団結運動に呼応してきた実績を背景に高津が提起したのですが、二年前と同じく拒否反応が強かったのです。条約改正そのものよりも、中央の大同倶楽部の提起した運動方針に連動して地方で運動を進めることに対しての反発が強かったのです。上毛民会と上毛同志会の対立を憂えていた湯浅治郎と、新井毫と親しかった都筑兼吉《つづきけんきち》が同日に両派の合併を提案しました。その条件として上毛民会と大同倶楽部との絶縁をあげています。高津をはじめ竹内鼎三、多賀恒信、根岸峭太郎《ねぎしきんたろう》、関農夫雄らはその提案を拒否し、同志会との合併に反対し、宮口二郎、中島祐八、野村藤太、三俣素平が賛成しました。

七月二十五日、上毛民会臨時総会を開き、上毛同志会との合併は中島祐八だけの賛成で否決しました。大井憲太郎らの主張した非政社論に賛成したのは、三俣愛作、小泉信太郎、中島半三郎の三人だけで、上毛民会は政社として大同倶楽部と気脈を通じることになり、上京委員に高津、関農夫雄、竹内鼎三、宮口二郎、中島祐八が選出されましたが、宮口、中島は辞退しています。さらに高津の主張した条約改正反対建白書を提出することを決定しました。

八月七・八日、高津らとは異なる意見を持つ宮口二郎・中島祐八・野村藤太・三俣素平は、上毛民会を脱会し、人数は少なくなりましたが純化されたため上毛民会の運動は強化され、条約改正反対運動に邁進できるようになったのです。

群馬県内の民権勢力の団結を重視してきた高津は、後藤演説会の成功に力を得て、民権勢力の分裂を代償にして中央の運動で群馬県民権運動の存在をアピールするためにも、条約改正反対運動に取り組み、建白書提出に踏み切ったのです。

八月十七日、高津仲次郎は群馬県内有志三八一人の総代として、条約改正中止の建白書を竹内鼎三とともに元老院へ提出しました。残念ながらその文面は分かりませんが、大同団結運動に取り組んでからの高津の念願が達成できたことになります。

しかし、九月になると民権勢力を合同しようとして失敗した湯浅治郎らが、上毛民会を脱会した宮口らと群馬公議会を結成しました。湯浅は八月十七日の三俣素平宛の書簡で「(一)地方団結ヲ主トス、(二)大同倶楽部ト合体セズ、(三)平和主義ヲ持ス」の三点を新団体の性格としています。群馬県の民権勢力は上毛民会、上毛同志会、群馬公議会および大同協和会の四派と、さらに分裂を深めてしまいました。

大阪の立憲政党で活動し、京都公友会などと全国政党の「良民党」結成を計画していた新井毫が、群馬公議会をその地方政社にしようと画策していました。十月二十六日に第一回群馬公議会総会を開き、新井毫ら十五人の常議員を選出しましたが、それに「良民党」の中心であった中島信行が出席を予定し、「良民党」地方政社と位置づけようとしていた京都公友会の河原林《かわらばやし》義雄《よしお》、菱木《ひしき》信興《のぶおき》が来賓として出席していますので、新井毫の影響が強いことが伺われます。

衆議院議員選挙直前の翌二十三年六月二十一日、群馬公議会常議員会を開き、次のとおり議決して新井毫の計画どおりに「良民党」の準備として良民的独立倶楽部を設立し、その地方政社としての性格を明確にします。

群馬公議会ハ去月廿一日常議員会ヲ召集シテ左ノ如キ議決ヲ為セリ

一中央ニ良民的独立倶楽部ヲ創立シ庚寅倶楽部ニ気脈ヲ通スル事

一右良民的独立倶楽部ヲ創立スルノ方便トシテ来ル七月初旬ヲトシ東京ニ於テ全国良民的独立派懇親会ヲ開キ以テ大ニ同志者ヲ糾合スル事

一懇親会ニ関スル都テノ準備ハ都築兼吉（即チ中央部仮理事）氏之ニ当ル事

一各常議員ハ常議員会ノ代表者トシテ懇親会へ出席スル事

但シ常議員ハ可成会員ヲ勧誘シテ多数出席セシムル事　以上

右之如ク公然議決発表致候

（河原林義雄宛新井毫書簡）

群馬公議会は湯浅の計画していた県内の民権勢力を大同団結するための団体とは異なる、全国政党の地方政社としての性格を持つようになったのです。

衆議院議員選挙

群馬県内の民権勢力の党派的対立は二十三年七月一日に実施された衆議院議員選挙とも関係しているのです。小選挙区制で群馬県の定員は五人ですから、県内を五区に分けて各選挙区からひとりが当選します。佐位郡《さい》・那波郡《なは》・緑野郡《みどの》・多胡郡《たご》・南甘楽郡《みなみかんら》が第三区に属し、有権者数は一四〇三人でした。高津はそこで有力な候補者と争うことになります。

選挙から約五か月前の二十三年二月ごろから候補者選定の駆け引きがさかんになります。二月十六日に高津仲次郎、宮口二郎、中島祐八が前橋に集まり、宮口は西群馬郡から、高津は緑野郡から衆議院議員に、中島は貴族院議員の候補者になることを三人で申し合わせたといいます。同じ選挙区の中島を貴族院に送り込むことは高津には好都合なことでした。しかし、結局はその通りにならず、三人とも衆議院議員の候補者となりました。各候補者とその支持者は政談演説会、新聞広告、私選投票など活発な選挙運動を展開しました。

選挙結果は次のとおりで、高津仲次郎は第一回の衆議院議員に当選します。

第三区　三九四票　緑野郡　高津仲次郎　当選　上毛民会
　　　　三八八票　佐位郡　野村藤太　　　　　群馬公議会
　　　　三四七票　佐位郡　中島祐八　　　　　群馬公議会
　　　　一九二票　緑野郡　三俣素平　　　　　群馬公議会

第三区は激戦で、当選した高津と次点の野村との差はわずかに六票しかありません。また、二年前に秘密集会嫌疑で投獄された高津、中島、三俣が衆議院議員の議席をめぐって争ったのです。群馬公議会の候補者が同じ選挙区から三人も出たのですから、政社の拘束力はまったくありません。この後の群馬県第三区の衆議院議員選挙はこの四人を軸に争われますが、高津対反高津の構図となり、反高津勢力がまとまることにより高津は選挙には勝てなくなるのです。

他の選挙区の当選者は次の四人でした。

第一区	六六〇票	新井毫	群馬公議会
第二区	五四八票	竹井懿《い》貞《てい》	中立
第四区	四六四票	木暮武太夫	群馬公議会
第五区	五二六票	湯浅治郎	群馬公議会

制限選挙とはいいながら三〇〇～六〇〇票で当選したのですから、今の選挙とはやり方が随分違ったと思います。また、上毛民会からは高津一人が当選しただけで、群馬公議会から三人が当選し、有権者である地方名望家は穏健と評価した群馬公議会を支持したのです。

立憲自由党

選挙直前には民権勢力は分裂していましたが、選挙が終わると統合します。

立憲自由党に統合されるのですが、中央の諸政党と並んで地方政社である群馬公議会が立憲自由

衆議院議員 高津仲次郎（高津和子氏蔵）
（中央：新井毫、右：宇都宮平一）

党を構成する一員に名前を連ねたことはすでに『自由党史』に記録されていて、古くから知られていることですが、その経緯はよく分かりませんでした。高津仲次郎とともに衆議院議員に当選し、中島信行を中心として「良民党」結成を計画していた新井毫が働きかけた結果のようです。

選挙直前の五月に愛国公党（片岡健吉・植木枝盛ら）・自由党（大井憲太郎ら）・大同倶楽部（河野広中ら）三派の合同が検討されています。自由党副総理であり、元立憲政党総理の中島信行が仲裁に入り、交渉の末に三派が合同してゆるやかな連合体である庚寅《こういん》倶楽《くら》部《ぶ》を設立することを決めました。先述の群馬公議会で決議した良民倶楽部がこの庚寅倶楽部と「気脈」を通じて運動を進めることにしたのです。

衆議院議員選挙直後から三派合同の協議が再開され、各政党の連携を禁じる集会及政社法の制定もあり、大同倶楽部、愛国公党、自由党は解散して庚寅倶楽部に統合しました。ここまでは中央政党の合同の動きだけです。この後、地方政社が加わります。

九州では民党勢力統合の動きがあり、九州同志会が進歩主義をとる大政党組織を呼びかけ、自由党、愛国公党、大同倶楽部とともに改進党からも代表者が集まって協議しましたが、まとまらず改進党代表は退席し、改進党を除いた九州の民党大合同を進め、立憲自由党に合流することになりました。

群馬公議会は五月に京都公友会、備後の良民倶楽部とともに大政党に合流することを決定していました。中島信行や新井毫らが進めていた「良民党」候補者が衆議院議員総選挙で新井以外は落選したこともあり、独自の全国政党組織は困難となり、路線変更して加わることにしたのです。

八月二十五日、大同倶楽部・自由党・愛国公党の旧三派と、九州同志会（松田正久・宇都宮平一ら）の委員が立憲自由党結成を協議し、加入を申し込んだ群馬公議会（宮口二郎）・京都公友会（伊藤熊夫）を加えることを決定しました。新井毫らの運動が功を奏したのです。

九月十三日に東京の都筑兼吉宅で立憲自由党の群馬県の役員を選挙し、常議員に群馬公議会から宮口二郎、自由党からは長坂八郎が選出され、代議員に上毛民会から竹内鼎三・高津仲次郎、群馬公議会から三俣素平・木暮武太夫・都筑兼吉、愛国公党から中島祐八、自由党から木呂子退蔵らが選出されました。県内の民権勢力が総選挙後、中央勢力の合同を契機にふたたび合同したのですが、新井毫の運動により群馬公議会が多数を占め、高津は新井の政治力に出し抜かれたのです。

北海道議会法律案

第一議会は明治二十三年十一月に召集されました。高津仲次郎は立憲自由党に所属して議員活動を展開しましたが、重要なのは開拓途上にあるので地方経済が自立していない北海道に注目し、明治十一年の府県会規則が適用されないで、北海道会は設置されていなかったことを取り上げ、十二月十八日に「北海道議会法律案」を提出したことです。翌年一月十三日には「北海道に地方議会を設くるの議」を二十余人の賛成を得て建議しました。第一議会は政府と民党とが衝突して紛糾したため、この法案は上程はされませんでしたが、最初の北海道会設置の建議です。高津仲次郎が北海道に注目した理由はよく分かりませんが、父親安蔵が蚕種製造のために十九年四月に札幌に行っていますので、家業の蚕種業とのかかわりで関心があったのかもしれません。

第一議会は政府提出の予算案をめぐり、多数を占めた自由党、改進党の民党が民力休養を要求して対立し、「土佐派の裏切り」によりかろうじて予算を成立させて二十四年三月に終わりました。なお、群馬県選出の新井毫、木暮武太夫がこの「土佐派」に加わっています。

議会閉会後の七月二十八日に高津仲次郎は政務調査のために衆議院議員として北海道へ出かけ、九月十二日に帰郷するまで一か月半、道内各地を視察しています。最初に函館へ行き、北海道会設置運動を進めていた工藤弥兵衛を訪問しました。東北地方から函館に遊説に来た板垣退助・河野広中らの一行を迎え、北海道地方議会請願者主催の懇親会、演説会に高津も出席しています。その後一行とともに小樽・札幌へ行き、そこでの懇親会、演説会に出席しました。

さらに、加波山《かばさん》事件で投獄された河野広躰《ひろみ》らを空知《そらち》集治監《しゅうじかん》に、照山峻三殺害事件で投獄されていた群馬県の自由民権運動指導者であった宮部襄・深井卓爾らを樺戸《かばと》集治監《しゅうじかん》に慰問しました。幌内では後に代議士として活躍する武藤金吉《むとうきんきち》とはじめて逢っています。八月十七日、札幌で群馬県人懇親会が開かれ、明治十三年の国会開設請願書を提出した木呂子退蔵の子どもの木呂子鉞弥《えつや》や武藤金吉ら十二人が集まり、高津を歓迎しました。十五日に北海道庁長官渡辺千秋に面会して依頼したうえで、二十日から二十四日まで北海道庁で政務調査を行いました。さらに真駒内《まこまない》で移住民、滝川村で屯田兵、白老《しらおい》でアイヌ集落、有珠《うす》郡紋鼈《もんべつ》村で製糖所の視察・調査をしています。

高津は第二議会開会直前の二十四年十一月二十四日発行の自由党の『党報』第三号に、一か月半に及ぶ北海道での政務調査として次の概要のような「北海道論」という長文の論文を発表しています。

政府は開拓使を設置して巨費を投じて開発を進めたが、進捗しない原因の第一は、北海道施政の方針が動揺を繰り返してきたことである。第二は、政治の公平が保たれていないこと。第三は、民力に応じた施政を行っていないことであり、この三点を具体例を挙げて指摘した。特に国有地払い下げについては十万坪以上を所有することは法的に禁じられているのに、政府高官名で百万坪以上を所有し、開拓しないで原野のままとして地価の騰貴を待つことは不法といわざるをえないと批判し、もっとも不都合なことはこうした二三の豪族の出願する数百万坪の払い下げをすぐに許可しながら、多数の人民が出願する数万坪の払い下げをなかなか許可しないことであり、また、すでに許可された土地の譲渡にも多くの日数を要することである。道庁に渋滞する願書は十数万通に達していることを追及し、道庁の政策は二三の豪族の利益を保護するのでなく、多数人民の利益を守るべきである。

と、北海道開拓を進めるための政策確立を主張しています。

二十四年十月十五日、第二議会開会を前に自由党は大会を開き、高津も出席して松方内閣と対決する姿勢を固め、また、板垣退助が大隈重信と会見して自由党は改進党と提携することになり、民党は政府と全面的に対決する体制を整えて第二議会に臨みました。

十一月二十一日、第二議会が召集されると、高津仲次郎は十二月八日に「北海道議会法律案」「地方税規則ヲ北海道ニ施行スルノ法律案」「営業税雑種税規則ヲ北海道ニ施行スルノ法律案」「北海道水産税則廃止法案」「明治二十一年八月勅令第六十一号追加法律案」（地方税中警察費ニ対スル国庫下渡金改定ノ件）の五件を衆議院に提出しました。中心は二十章百七条に及ぶ最初の「北海道議会法律案」です。自由党の理論家の植木枝盛が北海道議会設立建議を高津代議士に先鞭を着けられたと称賛したように、高津がいち早く取り組み、地元の陳情運動もあり、自由党内にも支持が広がったのでしょう。予算案の審議の途中に議事日程に従ってこの「北海道議会法律案」等が十二月十八日に上程されました。しかし、書記官が議案の朗読を始めると、改進党の議員島田三郎が、この法案は大事ではあるが予算案の審議が済んでいないのにこの大きな議案を審議することは不都合であると緊急動議を提出し、採決したところ動議が可決し、「北海道議会法律案」の審議は予算案の審議を優先するために中断させられてしまいました。

この法案の審議がされなかったため、北海道に関する次の質問を高津仲次郎が提出しています。

質問主意書

一北海道殖民事業に対する方針

政府は開拓使を設くるの時に当り北海道に干渉の政を行ひ万般の事業を起せり、其の結果如何、後ち三県を設くるの時に当り忽ち其の方針を一転して放任の政を行へり、其の結果如何、更に北海道庁を設くるの時に当り再び翻て保護干渉の政を行へり、其の結果如何、斯の如く政府は既往二十二年の間に屢政策の方針を変更し、人民をして依倚する所なからしむ、将来施政の方針如何

一北海道官有物払下の件
北海道庁は格外の低価を以て多くの官有物を払下たり…数万円の金額を費せる札幌麦酒醸造場を五千余円を以て大倉喜八郎に払下け、其他葡萄酒醸造場、篠路味噌醤油醸造場、札幌木工所、煉化石製造場、七重製錬場、札幌製粉場、札幌紡績場、札幌製網場、石場缶詰場、七重水車場、別海缶詰場、紗那缶詰場、根室木挽場、厚岸牡蠣缶詰所等の払下処分是れなり、以上官有物の興業費は幾何にして其払下げたる価格の標準は如何、而して官府の経営に属したる当時の結果と民有となりたる今日の現況は如何…

一北海道土地貸下の件
北海道拓殖の業を挙げんと欲せば土地の貸下を便にするより急務なるはなし、然るに土地貸下願書の同庁に堆積するもの数万件の多きに及び、甚しきは三四ケ年にして猶ほ指令を得ざるものあり、之れに反して或る者は数百万坪以上の貸下を出願して容易に指令を得たり…以上貸下地の現況は如何に而して政府は之れを以て当然の処置なりとするか
右の件々議院法第四十八条により提出す、国務大臣本院に出席して答弁あらんことを望む
（『自由党報』第五号、明治二十四年十二月二十五日）

一か月半に及ぶ政務調査の成果を活かして具体的な事実を指摘しながら、政府の開拓政策の矛盾

と政商との癒着を示唆し、一貫した開拓を進めるために住民の代表者による監視が必要であると、恣意的な政策を展開する政治権力を統御し、住民の意向に基づいた政策を要求するための機関として、北海道会を開設することを主張の伏線としたのです。

それまで政府は「臨機の処置」をし方針も定まっていなかったので高津の質問に困惑し、渡辺千秋北海道庁長官と協議して殖民事業の方針を樹立するために調査をすることになったと報道されています（『上毛新聞』明治二十四年十二月二十五日）。

高津は第二議会後は明治三十一年に復帰するまで衆議院に議席を得ることができなかったので、北海道会開設運動を国会で主張することはできませんでしたが、その後も高津が先鞭を着けた北海道会を要求する運動は続きました。二十五年十二月十日の第四議会で「北海道議会法律案」を百《ひゃく》万梅治《まんうめはる》外三人が提出し、審議未了、二十六年十一月二十八日の第五議会に同案を加藤政之助外二人が提出し、審議未了、三十四年二月二十二日の第十五議会に「北海道議会法案」を政府が提出し、三月二十三日に可決し、三月二十八日に公布し、同年に道会が開設されました。高津仲次郎が法律案を提出してから十年後に北海道会の開設が実現したのです。この時に高津仲次郎は札幌にいましたが、『北海タイムス』は高津が札幌にいることを紹介して、「道会の開設を歓び迎ふる道民は高津君を忘れてはならぬ」とその功績を称賛しています。

第二議会は民党も政府も対決姿勢を維持したままで予算案をめぐって激突し、予算委員会は軍艦製造費などを削減しました。十二月二十二日に海軍大臣樺山資紀《かばやますけのり》が、民党は藩閥政府などと批判するが日本の近代化を推進してきたのは政府の功績だと、いわゆる蛮勇演説を行い、民党はこれを非難し、さらに歳出案のうち八九二万円を削減して可決すると、松方正義首相は十二月二十五日、はじめての衆議院解散を行いました。最初の衆議院議員は任期四年のうち一年半で解散になり、議席を失ってしまったのです。高津仲次郎のはじめての衆議院議員としての活動も短期間で終わってしまいましたが、「北海道議会法律案」を提案したことで北海道の有志との結びつきができたことが大きな成果でした。

第二回総選挙と県会議員復帰

第二回衆議院議員選挙を控えて、候補者選定があちこちで行われたようです。高津の日記には明治二十五年一月八日、前橋での自由主義者集会で衆議院議員候補者を選定する様子が記録されています。第一区は竹内鼎三、第二区は金井貢、第五区は湯浅治郎を決定しましたが、第三区は未定となりました。そこで長坂八郎・木呂子退蔵らの候補者選定委員が、高津仲次郎二年、中島祐八二年、三俣素平四年と、有力な候補者三人が衆議院議員の二期八年間にわたる議席をたらいまわしする調停案を提示しましたが、まとまりませんでした。有権者の意向によるのでなく有力な地方名望家が密室で議員と任期までを決めようとしたのです。

結局候補者を一本化できず自由競争になった第三区は激烈な選挙戦を展開し、壮士による刃傷沙汰が起こりました。一月二十二日、中島祐八派の壮士となった中島半三郎らが高津仲次郎の選挙事務所に乱入し、高津を応援していた大戸作平《おおどさくへい》・角田大学《つのだだいがく》が負傷しました。二十四日にも吉井町で壮士数十人が横行し、壮士の春山茂十郎・町田鬼一ら六人が逮捕されました。また、高津派事務所の山名村（現高崎市）の鈴木四郎の居宅が放火されました。

さらに、二月十二日、中島祐八派の壮士の吉江鉄麿が、野村藤太派の壮士に佐位郡下植木村（現伊勢崎市）で殺害されるという殺人事件まで起きてしまいました。全国的には内務大臣品川弥二郎により吏党を応援する選挙干渉が行われ、各地で流血の惨事が相次ぎ、死者二十五人、負傷者三八八人の犠牲者を出しましたが、群馬県第三区の死傷事件は苛烈な候補者の競争が原因となったのです。

そうした選挙戦のさいちゅうに、前回の選挙で落選した三俣素平が立候補を断念し、中島祐八を推薦するビラを作成し、中島を応援することを発表しました。前回の選挙で第三位の中島祐八と第四位の三俣素平とが連合して、第一位の高津、第二位の野村藤太と対抗することになったのです。

高津としてみれば正々堂々とした対決を避けた中島祐八と三俣素平の野合と考えざるをえません。「三俣素平ノ得点百八十票ト予定シ、其価格六百円ニ買収セリ」（高津家文書）と、資金が中島祐八から三俣素平に提供されたことが噂されています。三俣の書簡などからみるとその事実はなかったようですが、実際のことは分かりません。

明治二十五年二月十五日、第二回衆議院議員選挙が行われ、群馬県では第一区は竹内鼎三、第二区は金井貢、第三区は中島祐八、第四区は矢島八郎、第五区は湯浅治郎が当選しました。湯浅以外は前議員が落選し、また、当選者は無所属（後に国民協会に所属）の矢島を除いた四人が高津と同じ立憲自由党員で、群馬県は第一回、二回総選挙では立憲自由党が絶対多数を占めています。同じ政党所属候補者が争ったのですから、第一回同様政党の拘束力はなかったのです。

第三区の得票は高津仲次郎は前回より二十二票多い四一六票、野村藤太は三票多い三九一票でした。中島祐八は前回の三俣の票を合わせた五三九票よりも一一四票も少ない四二五票の激戦でしたが、高津を九票の僅差で破ったのです。高津・野村の激しい選挙運動の成果であるとともに、三俣と中島の連合に批判的な有権者が多かったのでしょう。

この後の衆議院議員選挙では中島祐八、高津仲次郎、野村藤太の三人が対立し、中島祐八は第二回から第三回（二十七年三月実施）、第四回（二十七年九月）、第六回（三十一年八月）、大選挙区制になった第七回（三十五年八月）、第八回（三十六年三月）の六期に当選し、第十一回（四十五年五月）の選挙で当選した細野次郎が隠退したために四十五年に繰り上げ当選し、合計七回当選しました。

高津仲次郎は第一回衆議院議員選挙で当選した以外は中島祐八に勝つことはできず、野村藤太と争った第五回（三十一年三月）で当選し、第十一回選挙で細野の代わりに繰り上げ当選した中島が死去した後の大正二年に実施された補欠選挙で当選し、さらにはじめての普通選挙が行われた昭和三年二月の第十六回選挙に当選し、明治二十三年から昭和三年と長期にわたっていずれも断続的ですが、合計四期衆議院議員に当選しました。野村は結局一度も当選できませんでした。なお、大選挙区制に制度が変わった明治三十三年の第七回以後は多野郡から日向輝武《ひなたてるたけ》が第十一回まで連続五期当選し、佐波郡から細野次郎が第七回（三十五年八月）、第十回（四十一年五月）、第十一回（四十五年五月）の三期当選しました。

第二回衆議院議員選挙で高津と同じく落選した第四区の木暮武太夫が、高津仲次郎の落選を慰問する書簡で、自身は落選したが、「県下全般之結果民党之勝利に帰し候義ニて自ら慰安中居候、今後天下の形勢も一変すべく、県下民党一致結合之必要も目前に迫り候義御互ニ旧情を去り左右相携へ中度、貴区之如き劇烈之競争者之悪感相積候義ニハ奉存候へとも、為国家為民党互ニ政友諸君と相提携相成度冀望して不已候」と、民党が勝利したことを祝し、「悪感が積るだろうが国家のため民党のために選挙戦で激烈に闘った政友と提携」することを高津に希望しています。

地方名望家の対立が続く限り、高津仲次郎の理想とした統一した国民の勢力で強大な権力を持つ政府、県と対抗することはできなくなってしまうことを、木暮武太夫は憂え、三俣との調和を希望したのです。しかし、高津からみれば正々堂々と闘わないで中島祐八と野合した裏切り行為により煮え湯を飲まされた三俣素平とは、明巳会以来の同志でありましたが、木暮の忠告に反してこれ以後決定的に離反しました。国政レベルだけでなく同じ緑野郡に所属しましたので地方政治レベルでも三俣派と高津派を形成して、猛烈に反発しあうことになります。同一選挙区に所属することにより、同じ目標に向かって協力してきた同志が敵対するようになってしまうのです。選挙という洗礼を受ける近代政治家がその選挙によって人間関係を左右される、今日まで続いている傾向は、選挙制度の出発時点から形成されていたのです。

衆議院議員選挙に落選した高津仲次郎は、その一か月後の二十五年三月二十三日に実施された選挙で、八一五票を得て群馬県会議員に復帰し、以後三十一年三月まで県会議員として活躍しました。落選した群馬県選出の前衆議院議員四人のうち県会議員になったのは高津だけです。

また、二十三年一月二十三日に新島襄が死去した後、同志社の経営に専念するために湯浅治郎が二十五年七月に第五区選出の衆議院議員を辞職しましたので、その後任を選ぶ群馬県調停委員に木暮武太夫、三俣素平とともに高津仲次郎が自由党支部により選ばれました。

第五区は碓氷《うすい》郡・北甘楽郡が所属しますが、前議員の湯浅は碓氷郡であり、その後任候補として同じ碓氷郡出身の宮口二郎を選出することに対して、同じ選挙区の北甘楽郡有志の反発があるので、その調整が必要とされたのです。高津らは次回は北甘楽郡出身者に譲ることを勧めましたが、当選を確信していた宮口は「将来ノ候補者ヲ定メ約束スル」ことはできないと拒絶しました。高津が北甘楽郡有志に面会し、「次回ニ北甘楽倶楽部ノ定ムル処ノ候補者ニ同意セシムルコト、宮口氏ヲ推選スルニ就テハ独立不羈ニシテ湯浅氏ノ掣肘ヲ受ケシメザルコト、選挙区民ト親密ナラシムルコト」（『高津仲次郎日記』二）の三件を条件として要求され、碓氷郡有志と北甘楽郡有志とが協議して、宮口を候補者とすることに決定しました。ここでも衆議院議員候補者を有権者の意向により決定するのではなく有力者の談合により決定したのです。補欠選挙の結果は、宮口が六二二票を得て事前調整どおりに当選しました。

自由党の動揺

自由党は民党として民力休養を要求して藩閥政府と対決してきましたが、日清戦争前後に星亨が中心となって政権政党への脱皮をはかり、政府に接近しはじめます。これに反発した中島祐八は民党の立場を堅持することを主張して、二十六年に自由党を脱党しました。第六特別議会が明治二十七年五月十二日に召集され、伊藤内閣に近寄る自由党に対して、反政府の姿勢を鮮明にした立憲改進党、国民協会、立憲革新党などが対外硬派を形成して対立しました。自由党内では民党の伝統を維持することを主張して、政府に接近する姿勢に反発するものがいましたし、党外からも自由党の変節として批判がありました。

地理学者の志賀重昂《しがしげたか》がそのひとりです。志賀は三宅雪嶺《みやけせつれい》・杉浦重剛《すぎうらしげたけ》らと政教社に結集し雑誌『日本人』を刊行し、欧化政策に反対し対外独立の国粋主義を主張し、立憲主義的政治論を唱えていました。その志賀から高津究の次の書簡があります。柔軟外交政策を採る伊藤内閣と通じる自由党は「病膏肓に入り竟《つい》に救治すべからざる」とまで酷評し、二十七年三月に実施された第三回総選挙で当選した群馬県選出の代議士のうち、新井毫は国民協会に所属し、中島祐八は自由党を脱党して立憲革新党に所属し、清水永三郎、木暮武太夫、金井貢も自由党を見限り脱党する見込みなので、高津仲次郎にも自由党を脱党することを勧めています。その結果、自由党所属の代議士がいなくなる群馬県が、犬養毅《いぬかいつよし》の組織した中国進歩党のように藩閥政府と対決する対外硬派の根拠地となることを期待しています。実際に同年九月に実施された第四回衆議院議員選挙では竹内鼎三、金井貢、高津、清水新次郎、真下《ましも》珂十郎《かじゅうろう》が自由党所属で立候補し、真下が立憲革新党に所属した清水永三郎を敗って当選した以外は自由党候補者全員が落選してしまいました。新井は国民協会、中島は立憲革新党、荒井啓五郎、木暮武太夫は無所属で当選し、定員五人のうち自由党所属は一人だけになり、志賀の指摘したように群馬県での自由党勢力は凋落してしまいました。

明治二十七年六月　志賀重昂書簡

（封筒表）「上野国前橋住吉屋方
　　　高津仲次郎殿　親展」
（封筒裏）「六月十八日　東京芝公園第五号二　志賀重昂」
（スタンプ）「上野　前橋　廿七年六月十八日　ホ便」
謹啓、先般は御来訪被下候処匆卒之際欠礼□（破損）山本校長之件は万縷杉浦氏ニ申候ニ付、同氏より忠告か又は何分の挙措可有之と奉存候
却説自由党之最近況如何ニ思召され候哉、元来小生一身は些しも自由党と恩仇ある者ニ無之、且つ御承知之通り小生一身上としては最も同党ニ同感の情を表し居候、況んや知己は同党員に最も多数ニ有之候、然るに其の内外政策に関する意見挙措は朝定暮改なるが上、其の内政上現

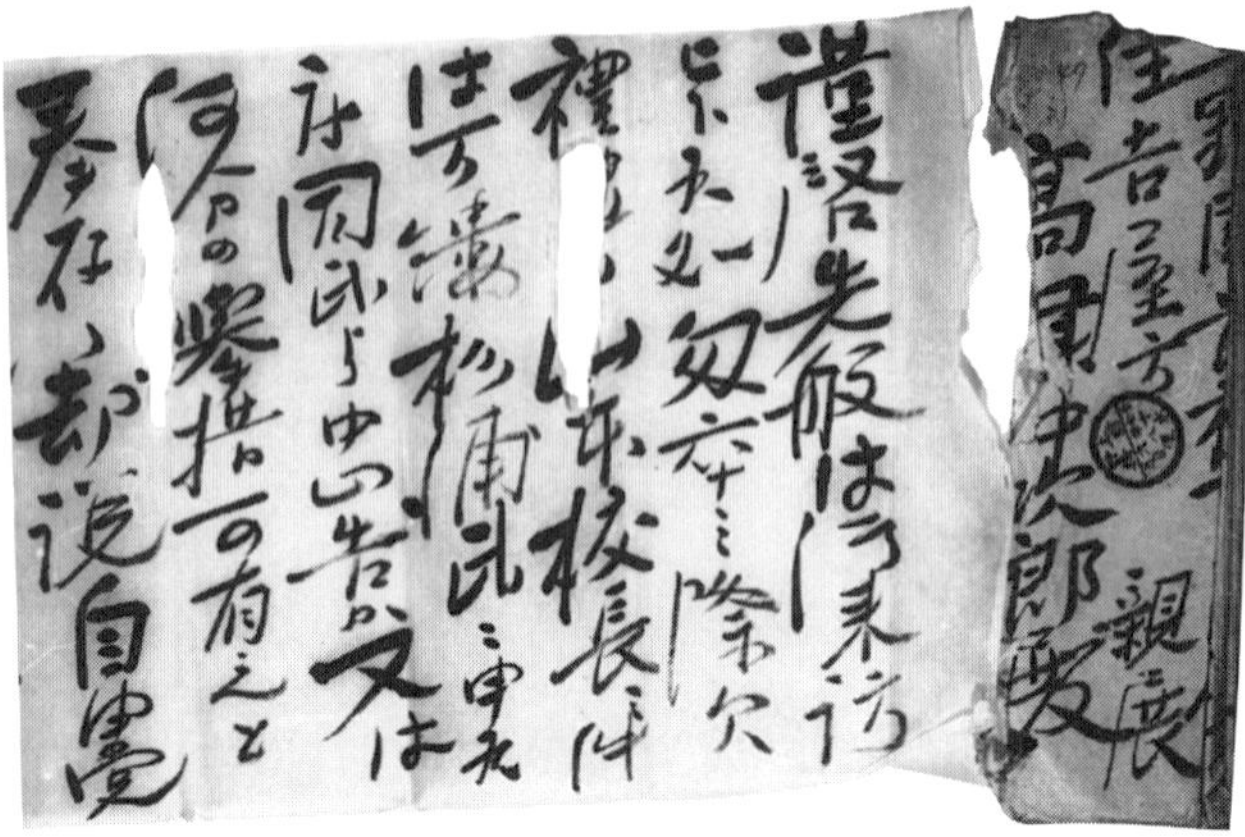

明治27年6月志賀重昻書簡冒頭部分（高津和子氏蔵）

内閣と通じ外政上柔軟政策を執る所は到底小生十年来之懐抱と違ひ、且つ病膏《（肓カ）》毛に入り竟に救治すべからざるを以て、小生は断然決慮して之に反対し爾来徹頭徹尾反対致居り候、然るに貴兄には自由党之最近情ニ就キ如何之御思召に有之候哉、果して内部ニ在りて救治し得べしとの御見込ニ候哉、愚考ニては右は言ふべくして行ふべからざる事と堅信仕居候、果して然らば貴兄ニは断然御決慮之上脱党して、身を潔くし半生の清履歴を全くする方身後之御面目なるべしと奉存候

若一貴兄にして自由党之候補者となり、中島祐八氏と御競争様の事有之候へば、小生は固より中島氏の顔を看たる一とも無之、況んや其人物性行の如何を些しも承知不仕とは云へ「自主的外交主義ヲ主張セシ前代議士ノ再撰ヲ期ス」てふ撰挙本部

の本領、并ニ同盟八十七新聞之決議案ニ依り勢ひ貴兄を攻撃し、孔明馬謖を斬るの例に倣ひ涙を揮ひつゝ全力を提げて貴兄を攻撃し、而して中島氏を援助せざるへからざるの止むを得ざる義ニ有之候

然れども貴兄にして今回其の半生の清履歴を全くせん為め断然自由党を被脱、而して中島氏と反対せず静居せられんか、次回の総撰挙の節は中島氏は必らず競争せず、且つ御人望上自然の勢を以て御当撰之事疑なしと奉信候、今日貴兄脱党して静居せらるゝ方中島派の感情をも傷はず、将来の為め復たとなき機会と奉存候、是事は先般藤野近昌氏も貴兄の将来を深く慮り小生に申され候、御承知之通り新井氏は国民協会、中島氏は立憲革新党、清水、木暮両氏は脱党して節を全くし、金井氏も脱党（脱党は今日せざるも惣撰挙後脱党すと公言し居らるゝ由）せんとす、此時に当り貴兄にして御脱党相成候へは群馬県全体は非藩閥、自主的外交の清浄天地と可相成候、然る上は上毛の地に中国進歩党の如きものを団結すべし得べき事と奉存候、然らば貴兄には来月一日前橋表ニて開くべき対外硬派の大運動会ニ御発起人と成られ、爾来頻りに此主義の育成に御運動の方将来の為め実に得難きの好機と奉存候、右は小生平生の御交誼ニ依り敢て申上候ニ付御勘考之程願上候也、匆々拝具

六月十八日　　　　　　　　　　志賀生

高津大兄
侍史

尚宇都宮氏も貴兄之御進退之事ニ付痛神し居られ候由昨夕伝聞仕候、同氏も断然御脱党の方可然との意見の由に有之候

この手紙でも注目されるのは高津仲次郎が中島祐八と政治的に同調することにより、「次回の総撰挙の節は中島氏は必らず競争せず、且つ御人望上自然の勢を以て御当撰之事疑なし」と、中島が衆議院議員の椅子を高津に禅譲することを志賀が期待していることです。公然とした自由競争のもとで有権者の自由意思により選出されるはずの代議士を、民衆には伺い知ることのできない、有力者の談合などの調整により密室で決定することを当然のこととしています。透明性のない議会政治が展開されたのです。これが当時の一般的な風潮だったのでしょう。

こうした自由党批判のなかでも高津仲次郎は動揺する自由党にとどまりました。

明治維新以来の懸案であった欧米諸国との不平等条約の改正交渉は何度か失敗してきましたが、政府も民党も地方名望家も最優先して取り組むべき課題としていました。そしてイギリスとの条約改正交渉がまとまって、明治二十七年七月十六日に日英通商航海条約が調印され、治外法権が回復し、関税自主権が一部回復しました。最大の政治的争点が解決されたことにより、政府と対立を繰

り返してきた民党のあり方を再検討する必要に迫られたのです。さらに、七月二十五日に日清戦争が始まり、八月一日、宣戦が布告されました。民党も日清戦争に反対するわけではなく、挙国一致で戦争に全面的に協力しました。民党と政府との基本的な政治的争点がなくなってしまったのです。初期議会のように政府に全面的に対決するだけでは、民党の存在をアピールすることは難しくなります。

初期議会期には強大な権力を持ち不当な政治を展開する藩閥政府を監視し、批判する野党的立場を堅持することに政党の存在価値があると認識したのに対して、日清戦争後は政党が政府の一部を構成し、政府の内側から名望家の期待する政治を推進することを期待するようになったのです。立憲改進党は混迷しながらも野党的立場を維持しますが、自由党は政権党への脱皮を試みます。

自由党は「民力休養」の主張を続けて、国会開設から約十年経過しても万年野党のままでいることに対する不満が党内に大きくなり、政府に接近して政権を分担するために「積極政策」に主張を変更しはじめたのです。しかし、まだ政党の政策変化は党員に浸透していませんし、政府内部でも藩閥勢力同士の対抗もあり、また必ずしも政党を信頼しきっているわけではありませんので、自由党の思惑のとおりにはいかず、不安定な政情が続き、党内の動揺が起こったのです。

高津仲次郎は政権に接近する自由党の脱皮に賛成したようですが、中島祐八と争って衆議院議員選挙に敗れてしまい、その後は明治三十一年まで群馬県会議員として活躍し、二十七年、二十九年、三十年に県会議長に選ばれています。

三嶽倶楽部

明治三十年三月二十六日、東京の烏森《からすもり》湖月楼で高津仲次郎や新井毫らが次の決議をして上毛大合同を盟約しています。

決議

第一、自今以後、政治上ノ運動ハ地方団結ヲ主トシ、而シテ後中央ニ及ボスコト

第二、前項ノ目的ヲ達センガ為メ一大倶楽部ヲ組織スルコト

第三、第一項ノ目的ニ反セル言動ヲナスモノハ、吾々ノ公敵ト見倣シ殲滅ヲ計ルコト

新井毫・木暮武太夫・細野次郎・真下珂十郎・荒井啓五郎・野村藤太・高津仲次郎

（『高津仲次郎日記』二）

すでに明治二十九年二月二十二日に、新井毫・木暮武太夫・荒井啓五郎・真下珂十郎の第四回総選挙で当選した衆議院議員と、野村藤太・高津仲次郎が群馬県知事に任命されたばかりの阿部浩《ひろし》を交えて、同じ烏森の湖月楼で上毛大合同し、官民一致して県下の幸福をはかることを約束してい

ます。

衆議院議員選挙の激しい選挙戦、それに対応して系列化が鮮明になった群馬県会議員の対立が広がっていました。二十七年三月に実施された群馬県会議長選挙で、高津仲次郎と野村藤太とが争い、高津が議長に当選しましたが、議長選挙にまで票の争奪戦があり、それに関連して贈収賄の疑いが浮上し、「議事中壮士ノ暴行アリ、余ヲ議長席ヨリ突キ落シ議場騒擾ノタメ休憩シ直ニ散会セリ」と高津は日記に記録しているように、議場に乱入した壮士が高津を議長席から突き落とすなどの紛争が相次ぎ、内務大臣から県会中止を命令されるほど混乱が重なっていたのです。

自由党が野党の立場を嫌って政府と接近する方向を採ったのと同様に、群馬県の民党勢力も対立を繰り返していた県知事に接近するようになりました。佐藤与三《よぞう》知事の時代には廃娼をめぐって県会と知事とは対立し、明治二十三年十二月に県会が知事辞職勧告を決議したほどです。二十四年に赴任した中村元雄知事は県会中止を内務大臣に申請し、県会とは対立しました。しかし、二十八年に高津は上越鉄道と毛越鉄道との合併の調整を中村知事に一任したり、肥料会社の設立の支援を中村知事に依頼し、知事もそれに応じて努力しており、二十八年から県会、少なくとも県会議長と知事との接近が始まっていました。

二十九年一月に赴任した阿部浩知事も信頼され、同年八月に千葉県へ転出する情報を得ると、高津らがその転任を阻止しようとして、板垣退助内務大臣や自由党幹部の林有造に対して、新井毫、野村藤太らの政治家とともに森山芳平、佐羽喜六、中島伊平らの実業家たちが「知事更迭ノ不利」を説いたほど、地方の名望家と知事との関係が良好になっていたのです。

こうして二十九年に群馬県知事と衆議院議員、県会議員が協議して、混乱する県会の形勢をみて県内の政治勢力の大合同をはかったのです。しかし、阿部知事が八月に転任したために頓挫してしまいました。

阿部浩の後任知事として二十九年八月に赴任した石坂昌孝群馬県知事は、多摩郡出身の古くからの自由党員で高津とも以前から交流があります。第二次伊藤博文内閣と自由党との提携を固くするために板垣退助が内務大臣に二十九年四月に就任しましたが、板垣内相の地方官人事の一環として、古くからの自由党員を抜擢して石坂知事が誕生したといいます。

しかし、同年九月に第二次松方正義内閣が成立すると、自由党は松方内閣との提携を計画しましたが、それに反発した強硬派の院外団五人を自由党から除名しました。それを批判して石坂昌孝らは二十九年十二月に自由党を脱党し、翌三十年二月に新自由党を結成しました。さらに二月には河野広中らが脱党しています。自由党は伊藤内閣から替わった松方内閣との提携に失敗し、与党から野党に立場を変えて、動揺したのです。

群馬県内では三十年二月に自由党群馬支部評議員会を開いて、新自由党参加を決定しましたが、衆議院議員の木暮武太夫、真下珂十郎は自由党にとどまりました。高津は八月には自由党の会合に出席していますので半年後には自由党に復帰したようです。

県会の混乱は相変わらず続いているうえに、自由党が分裂し、それに県知事が巻き込まれているという情勢の中で、大合同の運動が三十年四月に復活したのです。そのための組織として三嶽倶楽部《さんがくくらぶ》が結成されました。群馬県を代表する名山の赤城《あかぎ》山、榛名《はるな》山、妙義《みょうぎ》山を上毛三山といいますが、それから三嶽の名称を採ったのでしょう。

三十年二月二十日、湖月楼に新井毫、高津仲次郎、細野次郎、二十五年の第二回衆議院議員選挙で高津と激しい選挙戦を演じた野村藤太が集まって上毛大合同をはかるために打ち合わせ、準備を進めたのが最初のようです。二月二十九日に石坂昌孝県知事を高津が訪問した後に協議していますので、二十九年と同様に県知事も巻き込んで官民の地方団結を検討したようです。しかし、石坂知事は自由党の分裂のいっぽうの当事者となり、群馬県内の政治勢力の合同を積極的に進める余裕はなかったようですが、高津は盟約直前の三月二十四日にも、石坂県知事と面談してから出席しています。高津が大合同の情報を伝えるとともに石坂知事が大合同の相談にはのっていたようです。

契約をした七人のメンバーはいずれも群馬県を代表する政治家です。

群馬県選出代議士は、自由党の木暮武太夫・真下珂十郎、進歩党の中島祐八、国民協会の新井毫、無所属の荒井啓五郎の五人ですが、そのうち四人が加わり、それに二十七年十二月に高津の後任の県会議長に当選した野村藤太、二十九年三月に県会議長に復帰した高津仲次郎、および前年の盟約には加わっていなかった対外硬派の細野次郎です。代議士と現前県会議長に細野が加わったのです。経費の捻出などに新井毫と高津が奔走していますので、盟約書を保存することになった細野と三人が主唱したのでしょう。

しかし、代議士のうち中島祐八は加わっていません。二十九年三月、伊藤内閣と提携した自由党に対抗するために、民党を再編強化し、立憲改進党を中心に立憲革新党などが合併して結成した進歩党が、第二次松方内閣の与党となりましたが、中島は進歩党に所属していました。ですから、この上毛大合同は進歩党を除いた自由党、新自由党、国民協会および無所属議員による県内野党連合になってしまいました。

地方団結を強調し、契約の趣旨に違反する言動をしたものは「公敵」とみなして「殲滅」すると過激な言葉で盟約の遵守を誓っていますが、全面的な県内の政治勢力の大同団結にはならなかったのです。

高津は県知事と交渉し名望家の期待する政策を採用させるために、地方政治家の団結をはかり、有力者数人が密室で協議して基本事項を決定できる政治形態の樹立を構想したのでしょう。盟約した政治家もそれに同調したのです。

四月二十六日、前橋の臨江閣で三嶽倶楽部を結成しました。規約第一条に「本倶楽部は、社会の進運に応じ、教育・殖産・工業等の発達を図る為め、上毛有志一致の結合を堅くするを目的とす」（『上毛新聞』明治三十年四月二十八日）とあり、「教育・殖産・工業等の発達」を行い、地域振興を推進することを上毛大合同の最大の目的としたのです。政治的な対立はあっても地域のためには協同することを強調したのです。

翌日、幹事に新井毫・福田和五郎・笹治元、関東遊説員に四代議士と野村藤太、細野次郎、高津仲次郎の七人が選出されました。

上毛大合同を計画していた前年の二十九年一月に、上越鉄道敷設のために中村元雄県知事、新井毫、木暮武太夫、高津仲次郎、清水新次郎と、実業家の中島伊平、岡村貢、矢島八郎らが協議をしています。

同じく二十九年三月に、群馬県農工銀行設立準備の会合を開き、中島祐八を含めた衆議院議員五人と野村藤太・高津仲次郎らが出席しています。

政治的対立は別にして地域産業の発展に有効な機関の設立に協力することが、上毛大合同の目的だったのです。

しかし、明治三十年四月の高津を議長とする群馬県会で、群馬郡選出県会議員資格審査動議をめぐって議場が混乱し、「近来議会ノ有様ガ兎角議論ヲ交ヘルト云フコトハシナイデ成ルベク早ク議決ヲスルト云フコトニナリマシタ」（『群馬県議会史』第二巻）と、議論を抜きにして多数で議決する強引な党派的議会運営を批判されていますので、上毛大合同が実現したといってもそれに反発する進歩党系県会議員もいて、県会は高津の構想したように円滑には運営できなかったのです。

しかし、新井毫は高津の県会運営を高く評価しました。第一議会でともに衆議院に席を占めていましたが、新井は自由党に反発していたために高津との交流はそれほど親密ではなかったようです。しかし、上毛大合同計画以後、新井と高津との親密な交流が始まりました。新井は高津の群馬県会運営を称賛し、さらに「毛州大合同の主人公」として三嶽倶楽部の要に位置づけるほど高津の政治的手腕を高く評価しています。

七月の高津仲次郎宛の新井毫書簡に「一昨年大兄と盟を結び群馬新経策を講じ漸く其大成ヲ見之ントスルニ至リ、些少の誤謬より大局を破ラントスルハ天下の大局より見るも至愚之事故、微力の及ブ限りは相尽し申候」とあり、すでに二十八年に上毛大合同に関する「群馬新経策」を盟約したようです。

三嶽倶楽部維持費寄付のため高津仲次郎・新井毫・細野次郎が奔走し、寄付を募っていますので、三嶽倶楽部は経済的基盤はなかったようです。

三十一年一月に三嶽倶楽部臨時総会を臨江閣で開き、政社組織にするかを討議しましたが、結論を出せませんでした。高津の日記には三十一年二月以後、三嶽倶楽部の記事はありませんので、三月に実施された第五回衆議院議員選挙で三嶽倶楽部員が候補者として対立したことと、財政的不振とを理由として崩壊したようです。選挙戦が大合同を阻害したのです。

今日のまとめをしておきましょう。

高津仲次郎は十三歳の折の維新体験により、維新政府も江戸幕府と同じく強大な権力を持ち、恣意的な政治を行うので、その監視・統御が不可欠と考え、そのために名望家が国政に参加することを希求しました。高津が「政府ヲ嫌厭」するのは維新体験によるものと思います。

国会開設運動を中心とする自由民権運動に高津は関心を示しましたが、まだ政治的活動には慎重でした。儒学を素養としていたために納得できない部分が多く、強いカルチャーショックがあったのだと思います。このため西洋の理論を積極的に学習して受容に努めました。西洋理論からは自由主義経済論とともに、国民の意思を代表する議会を通して、国民が政治に参加できる政治体制の実現を学んだのです。強大な政治権力に対抗するために、国民の団結が不可欠であることを認識したのです。国民といっても高津が考えたのは名望家を中心とするもので、民衆は含んでいません。民衆の意思は名望家が代弁するだけで、直接意思表示をすることは名望家の形成する秩序の範囲内で許されることと考えていました。

明治十七年に群馬県会議員に当選し、県会を中心とする活動でも県当局と対抗するために県会議員を中心とする諸勢力の連合を優先して運動を展開しています。新しい政治体制の実現を期待して、大同団結運動期から民権運動の闘士として政治的活躍をはじめ、自由党に所属して第一回総選挙で衆議院議員に当選し、第一議会、第二議会では「北海道議会法律案」を提出するなど議員活動を活発に展開しました。

しかし、第二回総選挙に落選しましたので群馬県会議員に復帰し、県会議長に当選するなど活躍します。政権党への脱皮を模索して動揺し、県内でも少数派に転落した自由党から一時離脱しましたが、すぐに復帰し群馬県支部の中核として活動しました。政治的対立を止揚して地域社会の振興のために上毛大合同を推進し、三嶽倶楽部の結成に成功しました。三嶽倶楽部は結果的に少数派の自由党勢力を挽回させるとともに、第二講で触れますが、高津仲次郎をふたたび衆議院議員に復帰させることになったのです。

第二講　公娼設置運動と地域開発

ふたたび衆議院議員当選

日清戦争後に第二次松方正義内閣は進歩党と提携して同党の大隈重信を外務大臣に入れましたが、明治三十年（一八九七）十一月に進歩党が内閣との提携を破棄し大隈外相も辞職しました。このため、議会運営が困難となり内閣不信任案を上程した衆議院を松方首相は十二月二十五日に解散し、松方も辞表を提出し、自由党と提携した第三次伊藤博文内閣が成立しました。

衆議院の解散により高津仲次郎は第五回衆議院議員選挙に立候補を決意し、三十一年二月四日、自由党本部に伝えました。高津は中島祐八との競争に勝てませんでしたが、この選挙で中島を出馬させない運動を新井毫らが進めました。その理由は県会議長を務め、上毛大合同で活躍した野村藤太を代議士に擁立したいということでした。新井毫は野村の支持者に三十年十二月以来、次の書簡のように働きかけています。

（前略）却説野村氏に関スル急迫之事件も漸くにして、一時の喰止めヲ為し一周間程に余地ヲ生じ候に付、同氏も今日弥々帰郷相成り申ス都合に有之候、同氏事業之措画大に蹉跌し、今日ノ大困難に陥りたるは申ス様も無之、従て至大の影響を交友に及ボスに至る、如何とも致し方無き成行には候得共、今一度持耐ヘサセ永年の辛苦ヲ経来りたる事故、一回は帝国議会へ列席為致度候、同氏にして中道にして失敗せば群馬経策に大変化ヲ来シ候は明白にして、就中十年一日の如く提携したる佐和《（ママ）》郡の同志団体へ直接の影響波動ヲ生じ、政治上に実業上に言・不言の中非常の損害ヲ来す可シト奉存候…

此際貴家に於て充二分御奔走之上何とか一工夫相立られ、今一度野村氏の位地ヲ維持し得る様御経策被下度切に奉祈上候

二回議長と成り、又候補者と相成りたる大干係ある地位に迄達するは、全容易之事にあらず、実に惜ム可き事に有之候、群馬各郡の人々も天下の人も貴郡同志者の代表として如此き重要の地位に迄推戴せし事故、不慮の事にて俄然同志の挫敗を来サバ、真に細大の事柄に於て其不利ヲ貴郡同志に来スナキヲ保スル能ハズ

況ンヤ上毛の常習として人の災厄に乗シテ之ヲ擠陥セントスル悪風有之、是迄貴郡同志及野村氏が群馬県各派の中心点として、縦横之勢ヲ得居りしを嫉妬シ、好ンテ野村氏ヲ敗滅せしめんとする者無にしもあらず、其一点ヨリ看察スルトキハ、真に野村氏の境遇も一滴の涙ヲ濺ガザルヲ得ザル事情も有之、旁以て是非共今一度同氏の身分ヲ持耐サセ申度候、幸にして貴家始め貴郡同志者が政治上、実業上に於ける細大の影響利害と野村氏の苦心歴史とを究酌サレ、此際一方法御立被下、十年提携して是迄上毛之大局を制し来レる勢力を維持し、帝国大変遷の此急

激ナル大潮流に投して、一大事業ヲ共に倶に成立為致中度切に奉禱上候
然シ万一地元諸君の議相協ハズ、野村氏ヲ救護スルノ道なきに於ては、真ニ国友として交りたる生等は傍側に在て迚も力の及ブ限りに無き、看る看る中に如何の変動ナキヲ期し難く候、若シも斯く成行き候ハ、唯々泣くの外は無之候
（小暮仁家文書）

二回も群馬県会議長を務め、衆議院議員候補者となったこともあり群馬県政治勢力の中心点となっている野村を一度は国会に出したい、それができないようでは佐波郡有志に不利益になると、得意の名文で説得しています。

新井毫は上毛大合同に参加しなかった中島祐八を排除するために野村擁立を画策したのだと思います。

明治二十七年三月に実施された第三回衆議院議員選挙に中島祐八、野村藤太、三俣素平が選挙協力をした時にも、三人が交替で衆議院議員の議席を占める密約があったともいいます。高津の二十七年一月の日記に「九日　野村藤太、中島祐八、三俣素平ノ三氏会同シ、第一ニ中島氏二年、第二ニ野村氏四年、第三ニ三俣氏四年ノ交代ニテ候補者タルコトヲ約シ、先ツ中島氏ヲ推選ス、十日右三氏合同成ルヲ以テ到底其勝算ナキヲ覚リ候補者タルコトヲ辞スルコトヲ通知ス」とあります。

中島祐八が二年間衆議院議員を務めた後は、野村藤太が四年務め、その次に三俣が四年務めること

を約束して三人が選挙協力をしたために、高津はとうてい勝ち目がないといったんは立候補を断念したのです。結果は密約どおり三人の中では中島祐八だけが立候補し、七三四票対六七四票で高津は敗れたのです。ただし、これに対しては前回の総選挙で中島派の壮士吉江鉄磨が野村派の壮士により殺害されたことを指摘し、吉江の死を無駄にする野合であると選挙民が批判する投書がありました。またその投書にあるように、「野村藤太ノ得点四百票トシ価格一千円ナリト云フ」と、中島から野村に候補者を降りた謝礼として資金が提供されたことが噂されています。

密約があったのかはともかく、野村の支持者が中島祐八の支持者に対して候補者を譲らせた情報を得て、次のとおり高津は三十一年の日記に記録しています。

三月三日　…同夜伊勢崎銭屋ニ於テ中島祐八ノ一派ト野村藤太氏ノ一派相会シ、野村氏ヲ候補者ニ立ツルコトヲ定ム、中島ノ一派野村ニ迫リ進歩党ニ加盟セシム

中島祐八が立候補を断念して野村に候補者を譲らせることを、それぞれの支持者である中島派と野村派が会見して決定したが、その条件として野村が進歩党に加盟することを認めさせたというのです。候補者個人の判断だけでは決定することはできず、その支持者との協議により立候補者を決定したのです。

新井毫の運動もあり野村派は密約を根拠に中島派に立候補断念を迫り、中島が支持者の説得によ

りそれに従ったのでしょう。有力者による密室でのさまざまな思惑を秘めての駆け引きで候補者を決定したのです。

そのために、高津は野村藤太と議席を争うことになりました。上毛大合同を進めたふたりが選挙戦では争うことになったのです。上毛大合同と選挙とは別ということでしょうか。選挙後に政社問題を協議することにしていましたが、この後は三嶽倶楽部の記事は高津の日記にもありませんから、選挙戦になったことで上毛大合同は崩壊したのだと思います。

前回の衆議院議員選挙では自由党の候補者は第五区の真下珂十郎以外は全員落選しましたので、自由党群馬支部は挽回を期しました。

三月十五日に実施された第五回衆議院議員選挙で自由党所属の高津仲次郎は、群馬県第三区で七六三票を得て、六三八票の進歩党所属の野村藤太を破って当選しました。前回の得票数と逆転しています。中島・三俣・野村の三派選挙協力は有効に機能しなかったようです。中島から野村への候補者交替、上毛大合同での高津の活躍と自由党の奮闘が高津を当選させたのでしょう。選挙直後の三月二十五日から四月二十八日までの一か月余、高津は多野郡、佐波郡の当選祝賀会に出席したり選挙人を訪問して支持に対する感謝を表しています。選挙戦ではそれ以上に走り回ったことでしょう。

二回目の衆議院議員当選は高津四十一歳の時でした。上毛大合同を進めた木暮武太夫も前回に引き続いて衆議院議員に当選しましたが、今回は自由党所属に復帰し、自由党所属候補者二人が当選しました。国民協会の新井毫は十四票を得ただけで落選しました。上毛大合同の中心のひとりとして活躍しましたが、出馬しなかったのです。以後、新井毫は衆議院議員にはなっていません。上毛大合同に関係して当選したのは高津・木暮の二人だけでした。

総選挙後の四月十六日、自由党は伊藤博文首相に板垣退助の入閣を要求しましたが、容れられず自由党と伊藤内閣との提携は断絶しました。五月五日の自由党臨時大会では、政党を基礎としない伊藤内閣に反対することを決議し、野党の立場を鮮明にしました。

五月十四日、第十二議会が召集されました。政府が提出した地租増徴案を、内閣との提携を断絶した自由党も反対したので、衆議院が六月十日に否決すると、伊藤首相は衆議院を解散しました。一年間に二度も衆議院議員選挙を実施したのは二十七年に引き続いて二度目です。地租増徴案をめぐって生まれた政情不安定のなかで、高津仲次郎は選挙から三か月たらずで、七年ぶりに得た衆議院議員の議席を失うことになってしまったのです。

憲政党の成立と立候補辞退

伊藤内閣の強硬な政治運営を批判して、自由党と進歩党とが積年の対立を克服して提携して憲政党を結成し、衆議院で絶対多数を占める政党が誕生しました。政治運営に自信を持てない伊藤博文は首相を辞任し、憲政党に組閣させることを元老会議に提案し、了解されました。その結果、同党首の大隈重信を首班とする内閣が三十一年六月三十日に誕生しました。内務大臣板垣退助、大蔵大臣松田正久、文部大臣尾崎行雄、農商務大臣大石正巳、逓信大臣林有造らの政党人が閣僚となり、隈板内閣《わいはんないかく》と称されるはじめての政党内閣です。

憲政党の成立に伴い、群馬県でも自由党と進歩党との合同を高津仲次郎が中心となって進め、七月三十一日、前橋の敷島座で憲政党群馬県支部発会式を挙行しました。

八月一日、第三区旧自由・進歩両派合同懇親会を開き、宮部襄・中島祐八・三俣素平・高津らが出席しました。中央政界の再編成を契機にはからずも上毛大合同が実現したのです。そこで衆議院議員候補者の調停が行われ、憲政党群馬県支部設立の中心となった高津は、前議員ではありましたが政治的平和を優先して永年にわたって争った中島祐八に議席を譲って、立候補を辞退しました。選挙民の意向よりも有力者による政治的配慮を優先し、密室での交渉によって候補者を決定したのです。

八月十日、第六回衆議院議員選挙が実施され、定数三〇〇人中憲政党が二六〇人と圧倒的多数を占めました。立候補を辞退した高津仲次郎は八十二票を得ましたが、事前の調停どおりに中島祐八が一〇八二票で当選しました。高津はそれ以後三十六年まで衆議院議員にも県会議員にも立候補せず、政治的役職の面では浪人となってしまいます。

中江兆民と「娼妓派参謀長」

衆議院議員選挙から三か月後の十一月十六日、自由民権運動の理論的指導者として著名な中江兆民らが、公娼設置演説会を前橋市で開きました。

廃娼を主張すると思われた中江兆民が、それに反する公娼設置運動を始めたことについて、兆民は「公娼は必要なのだ、殊に高崎には知人も多くて運動して呉れといふから、予も実業家で居る以上は一攫千金の仕事だから喜で引受たのだ」と、あからさまに政治資金獲得のために取り組んだと『萬朝報《よろずちょうほう》』の記者に答えています。さらに「営利の問題には何時でも醜聞が付纏ふのは免れない、醜聞があるから言て必要な公娼を排斥するは俗論」と、地元発展のための事業には金にまつわるスキャンダルが起こるのは避けられず、それを恐れていては地元発展の事業は不可能になる、理論的指導者らしく「職業に貴賎はない筈だ」と多様な職業のひとつとして公娼を位置づけて正当化しようとしています。強弁としかいいようがありません。「草茫々の地が俄に熱鬧《ねっとう》になって、反幾何《たんいくばく》の地が坪幾何になるといふんだから、以前から其運動に托して金を取るやつもあれば金を出すやつもある」（『中江兆民全集』十七）と、公娼設置が成功すれば、何もなかった「草茫々の地」が繁華街になって地域振興が達成できて、地域が潤うことを強調しています。地域おこしにカジノを設置することまで最近では主張されていますが、それに共通する理屈です。それにより得ることができる利益の一部を運動したものが事前に貰うのは当然であると主張しています。利権を目的とした運動です。こちらが本音でしょう。

この中江兆民らの公娼設置運動に廃娼論者であった高津仲次郎が協力したために、政治生命を失う危機にさらされます。浪人になったこともあり、自由党員の県知事草刈親明《くさかりしんめい》が中心となって進めた公娼設置運動を、中江兆民をはじめ宮部襄、長坂八郎らの自由民権運動家がこぞって支援したため、成功する可能性が高いと見込んだのでしょう。しかし、公娼設置は一時的に成功しますが、世論の批判を受けて撤回しました。

運動が失敗した後の三十二年十二月になっても廃娼論者である新井毫は、次の書簡のように高津を娼妓派参謀長とみなしています。

（封筒表）「上州前橋
下城弥一郎殿

大至急用」

（封筒裏）「十二月十四日

東京神田松永町十八番地

新井　毫」

（スタンプ）「上野　前橋　廿二年十二月十四日　ニ便」

益御勇壮奉賀候、…昨深更に聞き込み候処に依るに、高仲が去月二十五日に北海道ヨリ帰来候、当地に在て娼妓派の参謀長と為りて（隠然宮部と相応じ居るべしと思ふ）、頻りに京浜間之娼妓派ヲ誘導し（或ハ却て娼妓派ヨリ脅迫サレシカモ知レズ）て、運動費ヲ募集し居り、貴地之春山、柳岡が共働き手と為り山同ヲ先棒に遣テ同盟会ヲ破壊する之企てなりとの事に有之候、而して高仲は古荘君排斥問題を星に持ち込ミ、頻りに運動中の由、知事排斥には岡、大竹は自由派大会之頃ヨリ熱奔せし証跡有之、今回高仲が帰京したるを好機会とし学刊党を再集して娼妓運動を為し、同盟会を破ラントシ、一方には星、松田に依って知事更迭ヲ企テッ、アルに相違無之候

古荘派は彼レガ如き鼠輩之為めに動カサル、ガ如き椅子には無之、県会も又貴君と須藤君と居ラル、故、決して間違ヒは無之候得共、決して油断は不相成と奉存候、高仲、宮部、中井（江カ）等は

娼妓運動ともに知事更迭之悪謀を廻ラシ、昨年之復仇ヲ計リッ、有之、而して其目的ヲ此県会に於て達セントスルニ相違無之、二十日前後には県に向て一大波瀾ヲ来たる乎も難斗候、決して御油断無之様奉祈候
書余追々可申上候、草々頓首
十二月十四日　　　　　　　　　　　　　　毫
下城議長殿
侍史
再申、須藤氏に向テ出状可致とは存候得共住吉屋へ向けては人目に触ル、ノ恐レ有之候、出サズ候間火急須藤氏と御相談有之度候、又古荘君にも参考迄に御内話成し置き被下度候
（伊勢崎市立図書館所蔵、下城家文書）

三十二年十一月に高津仲次郎が北海道から帰り、群馬県と京浜を往復して「娼妓派の参謀長」となって運動費募集を画策している情報を新井毫が得て県会議長の下城に知らせたものです。また、公娼設置を取り消した古荘《ふるしょう》嘉門《かもん》知事排斥を星亨、松田正久らに働きかけたともいっています。
高津の日記には中江兆民の名前はいっさい記録されていませんし、公娼設置および取り消しの県令、古荘知事赴任の記事をコメントもなしに記録するだけで、公娼設置演説会を開いた十一月十六

日前後の記事はなく、高津が公娼設置運動を行ったことを伺わせる記事はありません。ただ十一月八日から二十五日までは高崎にいたようです。事実はよく分かりませんが、少なくとも新井毫は公娼設置運動の中心人物は高津だと考えていたのです。

群馬県では明治十五年に全国に先駆けて廃娼令を出しました。湯浅治郎らのクリスチャンの県会議員が中心となって県会で廃娼の建議を提出、可決して県令に働きかけ、高津仲次郎らが設立した上毛青年会が協力して県会外で運動を展開しました。当時の県令であった楫取素彦《かとりもとひこ》がそれを認めて廃娼令を出したものです。もちろん高津は廃娼論者でした。ところが県令が佐藤与三に交替すると廃娼を否定して二十一年に施行を延期しましたが、強圧的な県政運営もあって群馬県会が反発して知事の辞職勧告を決議しました。後任として赴任した中村元雄知事は明治二十四年九月十二日、延期の県令を廃止して廃娼が確定し、二十六年に施行することとなりました。政府が任命する知事は県政に大きな権限を持っていたことを示すと同時に、権限がほとんどない協賛機関にしかすぎないと評価される議会の意向を無視しては県政が運営できなかったことをも示しています。

廃娼の確定に対して貸座敷《かしざしき》営業者が中心となり存娼運動を猛烈に展開します。

施行直前の明治二十五年十一月に県会議員黒田孝蔵らが、江戸時代に例幣使《れいへいし》街道の宿駅としてさかえた新田郡木崎《きざき》宿（現新田町）の業者とともに「存娼陳情書」を提出したのをはじめ、中山道の宿駅であった碓氷郡板鼻町《いたはな》（現安中市）などから群馬県会に存娼認可を働きかけています。

二十六年に廃娼令が施行されましたが、その後も群馬県会に存娼の建議が提出され、その審議をめぐって紛糾が続きました。二十七年十二月には存娼派の県会議員が「公娼設置ノ建議」を提出しましたが、廃娼派はすでに決定したことを蒸し返すことを嫌って、審議そのものを忌避して退席してしまい県会が流会となり、審議未了に終わっています。こうした県会での紛糾がその後も毎年続きましたが、こうした紛糾のなかで高津仲次郎は一貫して廃娼派として活躍しています。

憲政党群馬支部結成と前後する三十一年七月二十八日に、内閣交代による地方官人事異動の一環として古くからの自由党員で高津とも旧知の草刈親明が群馬県知事に任命されました。

草刈知事が赴任早々の三十一年八月に、前橋市天川《あまがわ》村・新高尾《しんたかお》村日高《ひだか》（現高崎市）などに遊廓を設置するために、東京にいた旧自由党員の中江兆民・伊藤痴遊《ちゆう》（仁太郎《じんたろう》）や、地元の宮部襄・桑原静一・深井卓爾・前橋市長笹治元らおよび高津仲次郎を仲間に入れたといいます（『毎日新聞』明治三十一年十一月・『群馬県議会史』第二巻）。

貸座敷業者が公娼復活の運動を展開し、新任の草刈知事へ莫大な賄賂を贈ったと報道されています。中江兆民は「公娼を許可すれば女郎屋志願者から草刈、高津、宮部其他へ相当の礼を致すと云ふ次第で、此兆民も多少貰ふ積りで御座る」といってのけたといいます。さらに前橋市二子山《ふたごやま》の土地一万五〇〇〇坪を安く買って置き、公娼設置許可後に高く売るか、貸し付けて莫大な利潤を得ることを目的とする匿名組合を設置することにし、前橋市長を組合長とし、中江兆民、高津らが発起人となったともいいます（『群馬県議会史』第二巻）。利権あさりといっていいでしょう。

三十一年十一月十八日、草刈知事は前橋市天川村、高崎市下和田村、北甘楽郡一之宮町（現富岡市）、山田郡桐生町、邑楽《おうら》郡館林《たてばやし》町、利根郡沼田町に公娼設置を許可する県令を出しました。知事赴任後四か月足らずで中江兆民や旧自由党高崎派の協力を得て、公娼設置を決定してしまったのです。高津・宮部をはじめ、深井卓爾、伊賀我何人、豊島貞造らが主に活動したようです。高津の日記にはこの県令の文面が記録されているだけで、それについてのコメントも関連記事もいっさい記録されていませんので、高津がどの程度この運動に関わったのかは確認できません。

はじめての政党内閣である隈板内閣の成立により誕生した旧自由党員の群馬県知事の独断と一部の旧自由党員の協力により、二十六年に施行した廃娼令を取り消すことになったのです。政党政治のあやうさ、うさんくささを露呈しているようにみえます。金のかかる選挙が度重なり、政治資金に乏しくその確保に苦慮していた政党政治家が政治権力を握り、政治資金を得る可能性が高くなると、その誘惑にうち勝つことが難しくなってしまったのです。国民が国政に参加し、その意思を反映した政治を行うために政党に結集した名望家が、情報を民衆に広く公開することなく、ひとにぎりの有力者が密室での駆け引きにより政策を決定することを続ける過程で、民衆そのものを見失ってしまったといえるでしょう。中江兆民らの存娼運動は目論見どおりに進むようにみえました。

しかし、高崎派以外の群馬県内の旧自由党員はもちろん旧進歩党系の憲政党員も公娼設置運動に同調しないで、廃娼論を堅持しました。廃娼派として県会でも活躍していたのに、突然存娼派に転身した高津を非難し、憲政党除名を決議したともいいます。高津の日記に関係記事はありませんので除名の事実はなかったようですが、高津は憲政党内でも孤立してしまいました。

大隈内閣が旧自由党・進歩党の対立により十月三十一日に崩壊し、十一月八日に第二次山県有朋内閣が成立したのに伴い、政党色の強い地方官が更迭されましたが、群馬県で廃娼派を中心とする世論の批判を受けていた草刈知事は罷免されてしまいます。『毎日新聞』の報道によれば公娼設置に反対する新井毫が、所属する国民協会首領の品川弥二郎に訴え、品川の指示で草刈を処分し、熊本国権党以来の同志であった古荘嘉門を知事に登用することが決まったともいいます。ふたたび群馬県知事に就任した古荘嘉門は赴任した十一月二十四日に公娼設置の県令を取り消し、公娼はわずか六日間だけで終わり廃娼が復活しました。知事が免官となっただけで、中江・高津をはじめ、それ以外の関係者も収賄罪などで処罰されることはありませんでした。

しかし、三十年十二月までは廃娼の中心人物であった高津仲次郎が、三十一年に存娼運動を展開したことは、草刈、中江らとともに高津も当然賄賂を受領したと疑われ、金銭のために主義主張を変節し政治的節操がないと世論の厳しい批判を受けました。高津の政治生命に関わる失策でした。高津は政治家として群馬県内で活動することは困難と判断し、北海道に活動の舞台を求めたのです。民衆を見失ったことに対する高い代償となってしまったのです。

北海道未開国有地払い下げ運動

高津仲次郎と北海道との関わりは第一講でお話ししましたように、第一議会、第二議会での「北海道議会法律案」の提出以来です。高津ははじめて衆議院で北海道に議会設置を要求したことで、北海道の有志と官吏の間では著名でした。

高津仲次郎は明治三十二年七月三十日に上野駅を出発し、三十一日に青森に到着し、青森港から汽船に乗り換えて翌八月一日に函館港に着き、さらに汽船を乗り換えて室蘭を経て二日に札幌に到着しました。四日がかりの大旅行でした。北海道行きを援助したのは日向輝武でした。

日向は明治三年（一八七〇）八月、多野郡に生まれ、東京専門学校、アメリカのパシフィック大学に学びました。二十二年五月、渡米にあたって高津仲次郎が餞別を贈って援助しています。帰国後自由党員として活躍し、移民事業を始めます。

三十五年六月に高津の選挙地盤を譲り受けて衆議院議員に初当選し、以後、三十六年三月、三十七年三月、四十二年五月、四十五年五月と五回連続当選しています。そのほか、京浜銀行常務取締役、人民新聞社、日本広告株式会社、大陸殖民会社社長、日本水力電気株式会社創立委員などを歴任しました。また、京城（現ソウル）に本社を置く大韓殖民合資会社の業務担当社員として、エネケン（龍舌蘭）栽培、製造工業の労働力を朝鮮からメキシコへ移民させる事業を三十九年に手がけています（「大韓殖民合資会社移民営業ニ関スル件」、韓国政府記録保存所所蔵、朝鮮総督府文書、MF三―六七）。

三十二年五月に共同移民合資会社に高津が八〇〇〇円を出資しているのは、日向輝武の勧めによるものでしょう。

高津仲次郎が北海道で最初に手がけた事業は免囚保護事業です。その組織として北海道救護協会を設立します。北海道救護協会設立の内務大臣宛の届け書には、高津とともに日向輝武が名義人となっています。北海道各地の監獄から放免される囚人が毎年五〇〇人前後いたそうですが、そのうち引受人のいない一〇〇人を救護協会が引き取り、将来は一〇〇〇人を収容して出獄者に職業を授けて社会に送り出す事業を計画しています。施設建築費一六五〇円、開墾具など機械器具費二〇〇円、創設臨時費として一八五〇円、食費、監督者、作業教師給料など経常費を七二七五円と見積もり、収入は一〇〇人分の賃銀九〇〇〇円を見込んでいます。授産する職業は木挽き、開墾および農業、煉瓦、マッチ製造や道路開削などの土工を予定して、そのために一〇〇〇万坪を限度とした官林と未開地の払い下げ、貸し付けを予定しました。

北海道議会開設運動に尽力した札幌の谷七太郎《たにしちたろう》から創立費五〇〇円を九月十日に借用し、北海道救護協会の事務所を谷七太郎の持家を借用して設置しました。救護協会費用を月五〇〇円と見積もり、日向と谷がその半額づつを負担することにしました。

北海道での高津仲次郎の活動を日向輝武と北海道の有志とが援助したのです。

閉鎖になる平岸《ひらぎし》監獄支署の付属地十七万坪の貸し付けを申請し、さらに同村の石材採取、マッチ製造の原料となる白楊樹《はくようじゅ》の伐採を計画し、北海道庁や支所へ運動を展開し、順調に許可を受けています。十一月には十八人の放免された囚人を引き受けて、本格的に事業を開始します。「北海道議会法律案」を提出した元衆議院議員としての道庁内での高津の名声、それを契機として知己を得た北海道名望家の後援を最大限に活用したために、順調に北海道庁の許可があり、活動が展開できたといえるでしょう。事業が軌道に乗ったことを見届けて十一月二十一日に札幌を出発して、帰郷しました。明治三十二年は約三か月の北海道滞在でした。

翌明治三十三年一月二十四日、高津仲次郎はふたたび北海道へ向かいました。救護協会はほとんど事務員に任せて、高津は道内各地で砂金の採掘を出願しましたが、これはいずれも失敗しました。その後は未開国有地の払い下げ、貸し付け運動を積極的に行います。先に救護協会に平岸で十七万坪を払い下げられましたが、それ以外は高津の居村か近村の者の名義を借りて出願しています。

三十三年三月七日、上川《かみかわ》郡上タヨロマ原野のうち三〇〇万坪を、多野郡小野村大字上栗須村の塚越清三郎ら六人の名義で貸し付けを出願しました。堀越ら本人は名義を貸しただけで事務手続きいっさいを高津仲次郎がしています。出願資格のないものがいたために八十二万坪に減額されましたが、同月十九日に許可になりました。この土地については次のとおり高津は日記に記録しています。

（三十三年五月）十四日　樺戸郡新十津川村池本梅吉氏ト上川郡上タヨロマ原野予定存置八十万九千五百九十坪ノ内、本年七月三十一日迄ニ移了スヘキ小作人十八戸分契約ス、小作人ニハ一切費用ヲ給セズ、一戸分一万五千坪ノ二割即チ三千坪ニ対シ一坪五厘ノ割合ヲ以テ三十四年十月三十日限リ小作人ヨリ地代金ヲ請取リ、十八戸分ノ土地ハ悉ク小作人ニ渡スコトトセリ

北海道樺戸郡新十津川村の池本梅吉に貸し付けを許可された未開発地の開墾事業を委託し、池本が小作人十八戸を探して一万五〇〇〇坪を貸与して地代金を受け取る契約をしたのです。三十四年

三月には小作人が二十一戸に増えましたが、それを除いた貸付地を七五〇円で池本に売却していま
す。

三十三年三月十二日には枝幸《えさし》郡頓別《とんべつ》原野の貸し付けを栗原文次郎名義で北海道救護協会事務員小原吉夫が出願し、十四日に許可がありました。

いずれも迅速な許可であり、元衆議院議員で「北海道議会法律案」提出者の高津の名声が有効に働いたのです。

十一月一日、天塩《てしお》国上川郡上タヨロマ原野のうち畑四十万坪余の貸し付けを申請し、二週間後の同年十一月十五日に許可された塚越清三郎らは、七年間で小作人十八戸を移住させて開墾する計画で許可を得ましたが、開墾事業をしないで貸し付けを受けたままの未墾地を、一年三か月後の三十五年二月に池本梅吉、山田善太郎へ譲渡することを出願し、四月二十一日に許可になりました。この土地は移住者により開墾が行われ、三十八年に開墾が成功して無償で払い下げられました（北海道立文書館所蔵「明治三十三年区画土地貸付台帳北海道庁」）。

そのほか、高津の三十三年の日記に記載されただけでも次のとおり未開国有地払い下げを出願しています。

四月十三日　千歳国長都村イヨマイ原野のうち　一五〇万坪、塚越勝太郎

五月二十九日　阿寒郡オタノシチ区画地のうち　一五〇万坪、多胡貞三郎、桜井太郎吉
六月十四日　川上郡熊手村ヲソッペッ原野のうち一四六万坪、畑、清水与三郎
六月十四日　同所　一〇二万坪、牧場、金井富太郎
十二月十八日　有珠郡長流川上流未開拓地のうち　三〇〇万坪、金尾鹿太郎、佐藤岩男

三十三年中に高津は分かるだけでも合計一千万坪以上の未開国有地の貸し付けを出願したのです。

高津仲次郎は「北海道議会法律案」を提出した当時、北海道の開発が進まない原因として道庁の行政が不適切であり、その適正をはかるための機関として議会が必要だと主張しましたが、不適切な行政の具体的な事例として「道庁に渋滞する未開地貸付願書は十数万通に達している。道庁の怠慢により多数の人民が移住する機会を失い、開墾が進展しない」（自由党『党報』第三号）と、開発を申請しても審査が滞って許可が出ずに申請書が十数万通も積まれていることを指摘していました。

北海道の開発は本土からの移住を奨励し、未開国有地を貸し付けて開墾させることで進められてきました。明治十一年以後は移住農家一戸当たりに一万坪を貸し付けて入植させましたが、十九年にはある程度資本を持つ移住民を奨励し、貸し付け希望者に道庁が起業方法を確認したうえで貸し

付けを許可し、開発が進むと検査をした後に払い下げています。その価格は千坪一円とし、払い下げ面積は十万坪以下に制限を緩和しました。

しかし、有償で払い下げることでは開墾が進まないので、明治三十年には開発を促進するために無償で払い下げることになり、また面積の制限も開墾地一五〇万坪、牧場二五〇万坪、植樹二〇〇万坪以下と大幅に緩和されました。この結果「貸下地の制限も実際上には効果がなく、大地積を得んとするものは親族・知人の名義を借り、若くは数ケ所に別々に出願し、若くは貸下地予定存置制度を悪用してその目的を達してゐたからである」（高倉新一郎『北海道拓殖史』）と、高津が行ったように他人名義での貸し付け申請者が多くなったのです。さらに開墾成功以前に所有地とすることができたので、それを売却して利益を得ることが可能になったのです。ただし、「貸付付与には厳格な条件がついた。即ち予定期間に事業が成功せざる場合は未成功地を全部返還せねばならず、第一種地が一ヶ年以内に事業に着手せられず…ときは処分を取消すことにした」（同書）と、事業に着手しないで貸し付けを取り消される事例もありました。

高津仲次郎は貸し付けの制限が緩和された明治三十年の二年後から払い下げ運動を展開し、北海道開発に協力したのです。渋滞する道庁の認可を高津の名声を活用して、長官をはじめ官吏に働きかけて迅速な認可を得たのです。

明治三十三年に順調に払い下げ、貸し付けが進んだので、翌三十四年四月に救護協会に払い下げられた土地処分を政友会幹部の菅原伝、日向輝武と高津が東京で協議し、救護協会の事業費を一二〇〇円と見積もり、菅原、日向と北海道の谷七太郎が負担し、実務を高津が担当することを決定しました。この決定後、資金と政友会幹部および地元名望家の後援を得て、救護協会だけでなく高津の居村近隣の知人の名義を借りて本格的に未開国有地払い下げ、貸し付け運動を展開したのです。未開国有地貸し付け事業を道庁で担当した河野常吉が群馬県からの移住民の概況を次のように報告しています。

従来北海道ニ移住スルモノ少ナカリシモ、近年稍増加セリ、曽テ高津仲次郎来リ他人ノ名義ヲ利用シテ許多ノ土地ヲ出願セシモ、概ネ素地ノ儘他ニ売渡シ成績ノ見ルヘキモノナシ、最十箇年平均一ヶ年移住者五十七戸、百八十九人ナリ、其移住地ハ石狩ヲ主トシ、胆振・十勝之ニ次ク

（北海道立図書館所蔵、河野常吉文書、明治四十四年三月調べ「北海道ト各府県トノ関係」）

高津が他人の名義を借りて貸し付けを受けたが、開墾をしないで「素地《そじ》」のまま売却したので開発の成績は上がらなかったと酷評しています。

さらに河野常吉は牧場開発を事例として、貸し付けの申請者を次のように観察しています。

牧場貸付ノ出願者ヲ見ルニ（イ）誠実ニ其業ヲ営マント欲スルモノト、（ロ）未開地ノ貸付ヲ

得テ其土地若クハ樹木ヲ売リテ利益ヲ得ント欲スモ（ママ）ノトノ二種アリ

（イ）誠実ニ牧場ヲ営マント欲スルモノハ実ニ本庁ニ於テ歓迎セサル可ラサル所ノモノナリ、然レトモ近年貸付スル牧場地ハ概ネ秘密ノ間ニ官林ヲ解除シ秘密ノ間ニ貸付シ終ルカ故ニ、正当ノ出願ニテハ之カ貸付ヲ受クル能ハス、之カ貸付ヲ受ケント欲セハ必スヤ秘密ノ間ニ当局者ニ懇談シ而シテ後道庁カ秘密ニ官林ヲ解除スルヤ否ヤ直ニ正規ノ願書ヲ提出シテ之カ貸付ヲ受ケサルヘカラス

表面ヨリ見レハ其事実ニ隠険詭秘、誠実ナル実業者ノ甚タ快シトセサル所ナリ、且ツ府県ヨリ来ル誠実ナル実業者ノ多クハ斯カル手段ヲ知ラサルナリ、是ヲ以テ誠実ナル実業者ノ貸付ヲ受クルハ比較的少数ナラサルヲ得ス

（ロ）土地又ハ立木ヲ売却シテ利益ヲ得ンカ為メ出願スルモノハ一括シテ俗ニ山師ト称ス、此山師ノ内ニハ政客アリ、無頼漢アリ、才取アリ、立派ナル紳士ヲ粧フ者亦多ク、之ヲ為ス、其内幕ニ至リテハ実ニ醜陋言フニ堪ヘサルモノアリ、而モ此等ノ輩ハ巧ニ当局者ニ近ツキ隠秘ノ間ニ貴重ナル国有未開地ヲ分取シテ其土地ヲ売リ立木ヲ売リ「或ハ（削除）「コンミッション」ヲ得テ」靦然恥ツル所ナク滔々風ヲ成シテ殆ント底止スル所ヲ知ラサラントス、乃チ牧場貸付地ノ大部分ハ此輩ノ手ニ入リテ絶エス玩弄サレツ、アルナリ、日々ニ荒サレツ、アルナリ…

明治三十六年六月二十四日　　　　嘱託　河野常吉　　（河野常吉文書）

誠実な出願者への貸し付けが少なく、未開地の貸し付けを受けてその立木や土地を売却して利益を得る「山師」が多いことを非難しています。その原因は北海道庁が情報公開をしないで、秘密主義をとっていたため、道庁と特別なコネクションのある「政客」「無頼漢」「立派ナル紳士ヲ粧フ者」などが「巧ニ当局者」に接近してその情報を得たことを指摘しています。北海道に「名声」のある高津は情報を得るのにもっとも適していたといえるでしょう。

「土地処分は北海道庁に一任され、貸付後の処分については行政訴願の途も開かれてゐたが、貸付は自由であったため、官吏の私心が入る余地が多かった。ために良地は多く有力なものに独占せられ、一般の移民殊に官吏に手蔓のないものは、如何に開拓に熱意と力を持つものでも土地を獲ることは容易ではなかった。…是を目当に、最初から開墾の意志のないものがその地位を利用して土地の貸下を受け、貸下を受けるや否や之を売却して不労所得を得んとするものが生じて来た」と、有利な土地の貸し付けには官僚とのコネがきいたのです。そうした風潮は道内の批判を浴び、「大地積の無償付与は、北海道に資本を投下せしむるに役立ったかもしれないが、同時に資本家を粧ふ利権屋に餌食を与へ、是をめぐって多くの不正が行はれ、北海道拓殖中に暗黒時代を造ったばかりでなく、真面目な開墾を妨げたのである」（高倉新一郎『北海道拓殖史』）と、コネを利用した利権屋を指弾しています。高津仲次郎もその中に含まれるのです。

その後、高津仲次郎は四十年六月二十一日に上野駅を出発し、二十四日に札幌に到着し、七月二日に室蘭支庁でトクシュンベツ貸付地分割譲与願を提出するなど未開国有地土地貸し付け運動をし、八月八日に札幌を出発して十日に上野駅に到着したのを最後に、北海道へ行くことはなくなりました。三十二年から四十年まで毎年渡道し、三十八年には二回渡道したので合計九回にもなります。しかも、在道期間は三十四年・三十五年には十六か月にも及んだのをはじめとしていずれも長期間です。

高津仲次郎は免囚保護という社会事業を前面に出して、北海道における名声を利用して北海道開発に協力することを名目にした国有未開地払い下げ運動を三十二年から四十年まで展開しました。しかし、道庁の担当者からは許多の払い下げ出願をしたことで高津は知られましたが、他人の名義で貸し付けを受けた未開地を売却して利益を得るだけで、開発の成果は「見ルヘキモノナシ」と指弾されてしまいました。

明治三十九年には道庁が成功付与の検査を厳重にしたために、返還処分が激増し、貸付地一四二万五〇〇〇町歩中、返還処分を受けた土地が四十六万六〇〇〇町歩、取消処分が九万七〇〇〇町歩にもなり、付与は四十万五〇〇〇町歩にすぎませんでした。高津仲次郎はこうした北海道開発政策の変更に伴い、順調に北海道における国有未開地払い下げ運動を展開することは困難になったので、県会議員に復帰したこともあり、払い下げ運動を切り上げたのです。

さらに四十一年四月に北海道国有未開地処分法が改正され、小規模開発を保護するとともに、大規模な貸付地は売り払い制度に改められたので、高津の活躍する場面は少なくなったのです。

県会議員復帰

明治三十六年（一九〇三）九月二十五日、群馬県会議員選挙が実施され、高津は四月から北海道にいて選挙運動はまったくしなかったのに、七三四票と最高の票を獲得して当選し、その通知を札幌で受け取っています。高津仲次郎には無断で有志が運動をしたのでしょう。三十一年に県会議員を辞職して以来五年ぶりの復帰でした。明治三十一年に憲政党は憲政党と憲政本党とに分裂し、三十三年に憲政党は解散し、伊藤博文の設立した政友会に合流しました。高津は憲政党から政友会に所属しました。定員三十二人中、当選した政友会系県会議員は、高津仲次郎・根岸峼太郎・後藤文平・毛呂《もろ》佳太郎《けいたろう》・増田甚平の五人だけで、無所属が十六人から二十三人に急増しました。第十八議会の政府との妥協により、全国でも政友会議員は七九四人から七〇一人に減少し、無所属議員が二五七人から三九〇人に増加しています。

明治三十五年十二月六日、第十七議会が召集されると、軍備拡張をはかる桂太郎内閣は五年間と限られた地租増徴を継続する方針をとり、政友会は憲政本党とともにこれに反対しましたが、十二月二十八日、桂首相は衆議院を解散しました。

三十六年三月一日の第八回衆議院議員選挙で木暮武太夫、日向輝武の前代議士と新人の高橋庄之助の三人の政友会候補者全員が当選しましたが、他に下村善右衛門（中立）、大河内輝剛《おおこうちてるたけ》（同）、中島祐八（憲政本党）、佐藤虎次郎（中立）、久米民之助（中立）と非政友五人が当選し、政友会が劣勢になっています。

伊藤政友会総裁と桂首相とが地租増徴の代わりの財源を公債に求めることで妥協が成立したことを公表しましたが、政友会内には妥協に反対する勢力が根強く、六十余人が革新派を形成しました。

三十六年五月八日、第十八議会が召集され、政友会代議士総会で内閣の責任追及を議題とすることを日向輝武が提案しましたが受け入れられず、日向輝武ら三十人が「政府は第十七議会に於て地租条例中改正法律案反対の故を以て衆議院を解散したり、而して第十八議会に於て重て之を提出し全院再度の反対を見忽ち其主義を抛ち之を撤回するに至れり、政府は此際宜しく議会解散の責に任じ自ら処決し、以て立憲制度の本議を明にすべし」と、内閣辞職を要求する決議案を提出しましたが、これも受け入れられず、これを不満とする尾崎行雄・日向輝武ら強硬派十二人は議会開会中に政友会を脱会しました。さらに議会閉会後、林有造、片岡健吉ら六人が脱会し、板倉中、龍野周一郎、高橋庄之助ら十一人が除名されました。

政友会群馬県支部は強硬派に属し、高津が北海道にいた七月十四日、「立憲政友会ノ行動ハ第十八議会以来、政党ノ理義ヲ没却スルヲ以テ、当支部ハコレト進退ヲ共ニスルヲ屑シトセズ、依テ茲ニ支部解散ヲ決議ス」と、解散を決議してしまいました。そのほか、徳島、広島、高知でも支部を解散し、政友会所属代議士は一七五人から一三二人に減少し、脱会者が全国で一五九二人にのぼったといいます。

政友会支部を解散しましたが、木暮武太夫は政友会に残るなど県政が混乱していた時期に高津仲次郎は県会議員に復帰したのです。その建て直しを高津の手腕に期待して支持者が勝手に運動して当選させてしまったのでしょう。

臨時群馬県会が三十六年十月二十日に開催され、高津は急遽札幌から帰り出席しましたが、発言はいっさいありませんでした。

十一月十六日に、高津仲次郎は関口安太郎、根岸峼太郎、木檜三四郎《こぐれさんしろう》らと会見して、群馬県内の政友会と進歩党の合同を協議し、群馬県内の政界の再編成を積極的に推進し、期待通りの政界復帰を印象づけました。

十一月二十日、通常県会が開催され、高津仲次郎は全日程出席しました。

十二月五日、第十九議会が召集されました。群馬県選出の立憲政友会所属代議士は木暮武太夫だけになり、下村善右衛門・大河内輝剛・佐藤虎次郎は中正倶楽部、日向輝武は同志研究会、久米民之助・高橋庄之助は無所属でした。衆議院は河野広中議長の内閣の失政を糾弾する勅語奉答文をめぐって紛糾し、桂首相は十二月十一日、衆議院を解散しました。

十二月二十八日、高津仲次郎は吉見輝《よしみてる》群馬県知事を訪問して、衆議院議員候補者を各政党が連合して推薦することを協議しています。知事を交えて県内の政治勢力の合同をはかったのです。

三十七年一月九日、高津仲次郎も出席して政友会・憲政本党有志会を住吉屋に開き、実業同志倶楽部にも交渉して衆議院議員選挙につき提携を約束し、群馬実業同志倶楽部・上州民党同盟会を結成して、民党は日向輝武・木暮武太夫・中島祐八、実業派は星野長太郎・須藤嘉吉を衆議院議員候補者として推薦しました。選挙戦のさなかの二月四日に政府はロシアとの国交断絶を決定し、十日に日露戦争を開始しました。

三月一日、第九回衆議院議員選挙を執行し、政友会は全国で一三〇人当選と創立以来最少の当選者数でした。群馬県では木暮武太夫（立憲政友会）、佐藤虎次郎・星野長太郎（甲辰倶楽部）、関口安太郎・日向輝武（無名倶楽部）、宮部襄・須藤嘉吉・武藤金吉（無所属）が当選し、群馬実業同志倶楽部・上州民党同盟会が推薦した候補者五人のうち中島祐八以外全員を当選させました。日露戦争中でもあり、政争を中断して県内の政治勢力を結集したのでしょう。しかし、混乱する政友会は木暮武太夫ひとりを当選させただけで、かっての自由党幹事であった宮部も無所属、後に政友会幹部になる武藤も無所属で、政友会の劣勢は挽回できませんでした。

日露戦争開戦直後の三十七年三月十一日、臨時県会が開催されると、県会は「六つの中学分校、二つの実業学校を俄然として作った。乱設の甚しいものである。かかる過失は当然本会が正さねばならぬ」と、三十一年に高津が県会議長であった時期の政策を批判し、高津仲次郎の選挙地盤である多野・佐波二郡の藤岡中学校、伊勢崎染織学校だけの廃止を可決しました。しかし、県当局は年度末になっての廃校は妥当でないと県会の議決に反対し、知事は内務大臣の指揮を仰いで原案を執行し、両校を存続することになりました。政友会が混乱し、高津の勢力も復帰したばかりで微弱であったために、高津らの努力で設置した中等教育機関をねらい打ちした反政友会系県会議員の政略的意図が明確にみられます。高津にとっては憤懣やる方のない県会審議であったことでしょう。

関東治水会

高津の地域開発事業についてみてみましょう。高津仲次郎の住居は烏川沿いで、何度も洪水にあっています。明治四十三年八月に関東地方は大洪水におそわれますが、高津の住宅も床上浸水の被害を受けています。

高津は八月十日の日記に次のとおり記録しています。

数日前ヨリノ豪雨ニテ本県下各河川張溢セリ、碓氷・烏・鏑《かぶら》ノ三川ハ最甚シ、本村ノ如キ正午頃ハ烏川沿岸家屋悉ク浸水シ、夕刻ニ至リ自宅ニ浸入シ、夜ニ入リ八時頃ヨリ床上ヲ浸シ、十一日午前二時頃最増水ニ極ニ達シ、床壱尺四寸ノ深キニ至リ、夫レヨリ漸次減水セリ、十日夜九時頃ヨリ中島惣蔵居宅ヲ始メ北部一帯ノ家屋殆ド流失又ハ埋没シ、遂ニ溺死者ヲ出スニ至ル

高津家は床上浸水でしたが、中島村でも家を流され溺死者が出たほどです。翌年二月に高津仲次郎述「中島水害誌」を印刷刊行しましたが、そのなかで中島村は「全村六十五戸のうち二十七戸を流亡し死者十五人を出し」(『藤岡市史』資料編近代・現代)と、詳細に被害を記録しています。昔から洪水被害にあっていたために、利根川の治水には強い関心を持っていました。

明治二十六年八月に伊勢崎町で開かれた利根川治水会に出席したのが、高津仲次郎が治水会と関わった最初です。洪水で悩まされ続けた佐波郡島村(現境町)の田島善平らとともに協議し、埼玉

県有志とともに運動を進めることを決定しています。

明治二十九年に制定された河川法に基づき、利根川改修工事が三十三年から着手されています。工事を三期に分け、利根川下流から工事を開始し、第一期工事は河口から千葉県佐原《さはら》市まで、第二期工事は佐原から取手《とりで》まで、第三期工事は取手から群馬県芝根村（現玉村町）沼の上までとし、二十年間で完成する計画でした。この改修計画に対して、上流では促成を要求し、埼玉県会、群馬県会で改修工事促成の建議を可決しています。

三十九年十二月、群馬県会で高津仲次郎は利根川河身改修工事の内務大臣宛の建議を提出しました。銚子から佐原までの第一期工事が始まり、佐原から取手までの第二期工事が国会で提案されたが、洪水の被害の大きい本県を救済するために取手から佐波郡芝根村までの第三期工事を促成するように、第二期、第三期工事を一括して起工する要望であり、全会一致で可決しました。

四十年三月に埼玉・千葉・茨城・群馬・栃木五県の貴衆両院議員、県会議員及有志者が協議会を開いて利根治水会を組織し、群馬県から日向輝武、武藤金吉とともに高津が幹事に選出され、さらに高津は五人の常任幹事のひとりになっています。治水会のメンバーは所属政党は異なりますが、地域開発のためには合同して運動を進めたのです。

内務省は利根川改修工事のための治水費三〇〇万円を三五〇万円に増額することを四十一年度概

算要求に盛り込みましたが、大蔵省は増額分を認めず三〇〇万円としました。十一月に、改修工事費増額を求めて利根川治水会は利根川有志大会を神田錦輝館《きんきかん》で開催し、高津も群馬県有志二十余人とともに参加しました。

原敬内務大臣は群馬・埼玉・千葉・茨城の四県知事を招いて、三五〇万円増額は無理だが、二期、三期を同時に着工することにより工事促成をはかることは可能だ、しかし、それには各県の負担額増加が必要と提案しました。高津らも原内相官邸で県知事に面会してこの提案を協議しました。

十二月二日に高津仲次郎は、新たな提案に対する礼と利根川改良陳情のため日向輝武とともに原内相を内務省に訪問して面会しています。原敬は「過日来関東各代議士其他屢々余を訪ふて第三期工事を早むる事を希望せり」(『原敬日記』第三巻)と記録しているように、高津らだけでなく関東地方の代議士たちの陳情をたびたび受けていたようです。

各県知事は原の提案にほぼ同意することを答申しました。その後、各県会ではかり、原内相の提案を受け入れ県負担分を予算化することに同意しましたが、千葉県、茨城県は工期短縮の条件を付けて賛成しています。

利根川改修第三期工事は明治四十二年一月に工事計画を再検討し五六九万円を国庫負担とし、二一九万円を各県で負担することに修正し、同年中に工事が着工されましたが、四十三年八月七日から十四日の大洪水により、関東各地は大きな被害を受けましたので、工事計画を抜本的に見直し、大規模な改修工事を実施することになりました。

大正三年八月にも洪水の被害があり、九月二十八日に、関東治水会を築地精養軒に開き、水害復旧策を協議しました。埼玉県の加藤政之助、千葉県の小久保喜七らとともに群馬県からは武藤金吉、高津仲次郎ら三十人余が出席し、次の決議をしています。

一、利根、渡良瀬、荒川の河川改修の期限二箇年を繰上ぐること

二、荒川上流の河川改修は速に調査を進め且つ直に応急の除害策を講ずること

三、多摩川の河川改修を第二期より第一期に繰上ぐること

四、水害復旧に対し政府は地方に低利資金の融通を為すこと

さらに、加藤政之助、武藤金吉、高津仲次郎ら実行委員十一人を選び、実行委員は内務省・大蔵省に陳情しています。

利根川治水対策については沿岸の群馬・埼玉・千葉・茨城の四県の利害が一致しているので、地域開発のために協同して運動を展開したのです。利根川改修は大規模な工事ですので、各地の国会議員を中心として、県会議員や名望家が政府に直接働きかけています。高津仲次郎は群馬県の代表

のひとりとして地域社会の安全を守り、産業基盤の整備を求めて、利根川下流地域との利害の調整をしながら、上流地域の各県の有志と連携して治水会の活動を積極的に展開したのです。

原蚕種製造所

高津仲次郎の生業は蚕種業ですが、存命中は父親を中心に営んでいたようです。高津仲次郎も一緒にその改良を試みています。養蚕業は年一回、春に蚕種から繭を作らせる春蚕《はるご》が一般的でしたが、次第に夏にも飼育する夏蚕《なつご》、初秋に飼育する夏秋蚕《かしゅうさん》が行われ、一年間に二、三回飼育するようになってきました。そのためそれぞれの季節にもっとも適した蚕種が必要になってきましたので、蚕の交配による品種改良が試みられ、遺伝学、いまでいうバイオが発展したのです。高津仲次郎は明治三十年五月四日から七月二十八日と二か月半にわたって、農商務省から委嘱されて、製糸業者の星野長太郎や養蚕業者の町田菊次郎らとともに清国の蚕業視察をしました。翌年に視察の経験から蚕種改良のために中国蚕種と日本蚕種との交配が有効であり、中国蚕種の実状が日本に知られていないのでその研究所を設立することを提案しています（『自由党党報』第一五四号、明治三十一年四月十日発行）。

この研究所設立の動きは明治末年から大正初年に具体化します。

明治四十三年十二月、群馬県会が国立蚕種製造所設置の建議を可決しました。大日本蚕糸会が答申した蚕糸改良の根本的方策である繭質《まゆしつ》統一のために、政府が国会に諮って枢要の地に原々種製造所を設置する計画であるとのことなので、蚕糸業のさかんな群馬県に設置する意見書を具申する内容です。国会でも取り上げ四十四年二月の第二十六議会で「蚕種統一ニ関スル建議」を可決しました。最大の輸出品であり、今後も増加が期待できる生糸生産の現状は、品質が不統一で海外市場の声価を高めることが困難でした。原因は蚕種の乱雑不統一にあり、原原種、原種、製糸用蚕種と区分し、優良な原原種を政府が製造して蚕種を統一することが必要であり、そのための施設を設置することを建議したのです。

四十四年五月に「原蚕種製造所」を設置することになり、前橋に支所を設置し、大正三年六月に前橋支所を「蚕業試験場」に改称しました。高津の提案から十四年後に機能は多少変わりましたが、実現したことになります。

水力発電事業

そのほか高津仲次郎は新しい産業として自動車運輸にも関心を持ち、群馬県内各地の関連会社に関与しましたが、もっとも注目したのが水力発電事業でした。群馬県は利根川水系の豊富な水源が

一府十四県連合共進会のイルミネーション
（群馬県立歴史博物館蔵）

ありますから、水力発電には適しています。上毛カルタに「理想の電化に電源ぐんま」とあるように、第二次世界大戦後も水力発電所が各地に建設され、首都圏に送電していました。日露戦争後から第一次世界大戦にかけて工場生産がさかんになったのに伴い、電力の需要が高まることを予想して発展が見込まれる水力発電事業に高津仲次郎は関心を持ち、その開発に尽力しました。

　明治二十七年五月に前橋で点灯したのが群馬県では一般家庭での電力利用の最初です。その後、高崎に三十七年十二月に点灯し、四十年には多野郡藤岡町、四十一年に利根郡沼田町に点灯したのが早い例です。明治四十三年に前橋で開催され、イルミネーションを点灯した一府十四県連合共進会をきっかけに急激に電気事業が展開し、大正期には全県的に点灯しました。高津の居村の中島村にも大正八年七月十三日に電灯が点火しました。

　明治三十七年には群馬県の電灯数は一万灯余でしたが、四十三年には五万灯余と一気に四・六倍にも増加し、関東地方では東京府の五十万灯、神奈川県の十三万灯に次いで第三位の電力需要県だったのです。一般家庭の電化の進展とともに、桐生、伊勢崎を中心とする製糸・織物工場の動力が水力から電力に転換し、四十二年には電化が五十％を超えましたので、その電力の供給が期待されていたのです。さらに京浜工業地帯への電力供給も期待されたのです。

すでに明治四十年に山梨県駒橋発電所から東京電灯株式会社の早稲田変電所まで、五万五〇〇〇ボルトという長距離高圧送電を実現しましたから、群馬県から京浜工業地帯への送電は技術的には問題がなくなっていたのです。大正四年に猪苗代《いなわしろ》発電所から東京の田端変電所への送電が成功しさらに遠距離送電が可能になり、第一次世界大戦中の工業化の進展による需要の増加に伴い発電所が各地に建設されました。

群馬県内では明治二十七年に設立した桐生電灯会社、前橋電灯会社が営業していましたが、利根発電会社、高崎水力電気会社がそれらを合併しました。大正二年に利根発電会社の供給力・電灯需要は三二九三キロワット、六万八〇六四灯、高崎水力電気会社は一一〇〇キロワット、二万四七四九灯と、関東地方でも有数の電力企業に成長していたのです。利根発電会社は東京・神奈川の企業を除くと関東地方では最大規模の電力業者となっていました（東京電力株式会社『関東の電気事業と東京電力』）。

高津はすでに三十九年から次のように発電事業に奔走します。

明治39年7月4日　利根川筋水力電気事業を出願、県知事、政友会県会議員と協議。
8月28日　利根川筋水力電気事業四件の合同を群馬県知事が勧告。
11月8日　渡良瀬川水力電気発起人会、発起人の権利配当を決定。
40年4月18日　烏川水力電気事業発起人会開催。
42年2月21日　上毛水電会社創立委員会を開き、高津、常務委員に選出。
5月　上毛水電会社を群馬電力会社に改称し、高津、取締役に選出。
大正8年7月5日　群馬電力会社創立、安田善三郎社長、高津取締役に選出。
10年9月3日　多野郡神川村村営電気事業について高津ら調整。
14年3月16日　群馬電力会社、早川電力会社が合併して東京電力会社創立、高津取締役に選出。

このうち、利根発電会社は東京電灯会社に合併されますが、群馬電力会社は東京電力会社と改称して東京電灯会社に対抗し、高津仲次郎の死去する昭和三年に東京電灯会社に合併されるまで、電力戦を展開しました。高津は利根発電会社、東京電力会社両社に関わるとともに、それ以外の零細な発電事業にも関わっています。

明治三十九年の『高津仲次郎日記』には次のとおり記録しています。

六月三十日　水力電気ノ件ニ付県庁出頭、直チニ帰宅
七月四日　水力電気ニ関スル願書持参、県庁ヘ出頭、知事ニ面会
五日　大間々関口範十郎氏ヲ訪ヒ深沢愛三郎氏ト同伴、黒保根村役場ニ到リ渡良瀬川水力電気
　願書ノ受付印ヲ取リ、同夜関口氏宅ニ投宿
十一日　上京、利根、吾妻二川水力電気調査費支出ヲ田島達策氏ニ交渉ノ為メ花屋ニ会ス
十二日　田島達策氏費用支出ノ旨承諾、同夜帰宅
十六日　早朝出橋、大沢惣蔵氏ヲ訪ヒ尾高技手ヨリ吾妻川水力電気図面及設計書ヲ請取ル、前
橋警察署電話ヲ借木檜三四郎ヲ原町警察署電話口ニ呼出シ水力電気願書提出ノ件ニ付相談
ス、同夜電気学士長田馨門人柏木鈴吉住吉屋ヘ来リ泊ス
十七日　朝吾妻川水力電気願書ヲ小包郵便ニテ原町木檜三四郎ヘ送ル、発電所二ケ所、馬力二
万二百馬力、発起人田島達策、日向輝武、高橋諄三郎、根岸峭太郎、木檜三四郎、金井富太
郎及小生ノ七名ナリ、同日帰宅、柏木氏帰京セリ
二十四日　早朝出橋、木檜三四郎氏吾妻川水力電気願書ヲ携ヘ来リ会ス、高橋諄三郎氏群馬郡
役所経由ノ為メ高崎ニ到リ、直チニ帰来、右願書ヲ県庁ニ提出ス

二十五日　利根水電ノ件ニ付住吉屋ニ会ス、知事及沖技師訪問
二十九日　夕、田島達策、高橋諄三郎ト芝見晴亭ニ会シ水力電気ノ件ニ付契約ス
八月四日　吉見前知事ノ帰郷ヲ送リ帰宅、直チニ上京
廿八日　知事ノ召集ニ応ジ利根川筋水力電気競願者県庁ニ出頭、知事ノ意見ニ基キ合同ノ上更
　ニ出願スルコトヲ答申ス
同日　渡良瀬川水力電気許可セラル
三十日　上京、芝浦竹芝舘ニ開ケル利根川筋水力電気競願者協議会ニ臨ム、協議調ハズ
九月一日　新肴町大陸殖民会社楼上ニ於テ、渡良瀬川水力電気発起人集会ス、起業方針ハ日向
輝武ト米人ブリットントノ契約ニ基キ、外資借入レノ事ニ決シ、直チニ設計書及収支予算等
ヲ英訳シブリットンニ送ルコトニ着手、吾妻川水力電気モ含同ノ上起業スルコトニ決ス
同日　田島達策ヲ訪ヒ吾妻川水力電気事業ニ関シ契約書ノ授受ヲ行ヒ、夕刻帰郷
二日　出橋、和泉邦彦、内田真、岡村、高橋諄三郎ノ諸氏ト沖技師ヲ県庁ニ訪ヒ相良一部長ヲ
自宅ニ訪ヒ、利根川水力電気出願人四派合同協議不調ノ結果ヲ申報ス、同夜高橋氏同伴、夜
　ニ入リ重テ沖氏ヲ県庁ニ訪フ
三日　右四名ト共ニ連署ヲ以テ四派合同不調ノ顚末ヲ知事ニ答申シ、更ニ右二派合同ノモノ許

可ヲ与ヘラレ度旨願書ヲ提出ス、同日帰宅

高崎水力電気会社は明治三十六年に、須藤清七、小林弥七らが設立し、上室田に発電所を建設して高崎市を中心に電力を供給して営業を開始し、四十年に前橋電灯会社を合併して群馬県内の最大の電力需要地である前橋市を営業区域に加え、電気事業を展開していましたが、これに対抗して高津仲次郎は豊富な利根川水系に着目して各地の発電所建設計画に関与しています。

明治三十九年六月には、荒川上流で水力電気事業を計画し埼玉県庁に働きかけをしています。七月には群馬県内の利根川での発電事業を出願し群馬県庁で吉見輝知事に面会しています。その後も知事と密接に連絡を取りながら運動を進めています。おそらく県会議長、政友会支部幹部として、政治的配慮による早期認可を要請したのでしょう。さらに渡良瀬《わたらせ》川と吾妻《あがつま》川での発電を計画し地元の有力者と協議して出願し、その経費を負担できる財界人を東京で物色して、多野郡神田《じんだ》村（現藤岡市）出身で運送業者の田島達策が事業を理解して承諾し、発電事業に参加することになります。吾妻川の発電事業については非政友会の木檜三四郎とも共同して運動を進めています。

ところが、七月二十八日に吉見知事が休職となり、後任に福島県知事であった有田義資《ありたよしすけ》が就任しましたので、今までの知事との個人的な連携を最初からやり直さざるをえなくなりますが、うまくいかなかったようです。有田知事は山県有朋系の官僚知事ですので、政党の進める地域開発に反発したようです。八月二十八日に有田知事が利根川、渡良瀬川、片品《かたしな》川、吾妻川と四つも利根川筋で水力電気事業計画があることを危惧して、合同して出願することを指示しました。それぞれの出資者などの思惑があったのでしょうか、東京で協議しましたが、四派を合同することはできませんでしたので、一部が合同して別々に計画を進めました。

利根川水系の発電事業のうち最初に許可されたのは渡良瀬川での発電事業でした。渡良瀬水力電気会社を明治三十九年三月に資本金二十万円で設立し、高津戸《たかつど》と貴船《きふね》（ともに現大間々町）に発電所を建設し、四十一年二月に開業し、山田郡と栃木県足利郡へ電力を供給していました。日向輝武がアメリカ人を通して外資導入を計画しましたが、これは条件が合わずに失敗し、国内資本だけで発電事業を進めます。

高津仲次郎は三十九年九月に、北海道へ出かけましたので水力電気事業の運動は一時中断しますが、同年に田島達策が利根川水力電力会社を出願しました。十一月に帰省してからふたたび水力電気事業に奔走しました。十一月八日に渡良瀬川水力電気発起人会を東京で開き、発起人の権利配当を決定しています。

十二月十二日に政友会の根岸峸太郎を交えて、大同倶楽部の須藤嘉吉、松井八十吉《やそきち》と提携を約束しています。四十年一月十二日に片品川の水利権譲与を契約し、六三〇〇円を領収し、松井八十吉らと分配しました。大同倶楽部との提携は政治上だけでなく発電事業のためにも必要だったのです。

高津仲次郎は次々に吾妻川、片品川、渡良瀬川、烏川、神流川《かんながわ》と利根川水系の水力電気事業を企画し、地元の有力者を説得して組織し、スポンサーを主として東京で捜して、許認可を官公庁に働きかけています。政界、財界、官界を連携させて地域社会発展のためのベンチャー企業を育成しているといえるでしょう。

利根発電と高津仲次郎

利根発電会社の前身である上毛水電会社は、三十九年十二月に政友会代議士の大岡育造らが計画しました。利根川の支流である沼尾川に一八〇〇キロワットの発電所を設置して渋川・伊勢崎・太田町などに電気を供給する予定で出願し、翌四十年五月に認可されました。四十一年十月に高津仲次郎に創立と資金確保の相談が持ちかけられ、十二月十七日に創立委員二十三人で発起人会を開き、東京の土木技師であった笠井愛次郎を委員長とし、常務委員に高津、葉住利蔵《はすみりぞう》ら五人が選ばれました。一万二〇〇〇株を募集しましたが三二四九株不足し、創立委員が不足分を引き受けて、高津は一〇〇株、二五〇円を支払っています。四十二年二月二十一日、上毛水電会社創立委員会を開きました。しかし、沼尾川の水量が不充分なので、利根水力電気会社の片品川水利権を譲り受け、片品川で発電事業をすることに計画を変更し、社名も五月二十五日に利根発電株式会社と改めました。社長に笠井愛次郎、取締役に高津、伊勢崎銀行取締役の羽尾勘七《はねおかんしち》、新田銀行頭取の葉住利蔵らが選ばれました。東京に本社を置き、前橋に支店を置いたので、六月から毎月利根発電会社の重役会を東京本社で開き、高津はほとんど出席しています。

四十二年九月二十六日から二十八日まで役員ら二十七人で、同年八月に着工した一二〇〇キロワットの上久屋《かみくや》発電所（現沼田市）、岩室《いわむろ》村（現白沢村）引き入れ口の工事を視察しています。翌年九月に竣工し一府十四県連合共進会に間に合い前橋への送電を開始しました。十月には伊勢崎、太田、館林へ、十一月には渋川へ送電を開始しました。すでに前橋電灯会社を合併した高崎水力電気会社が前橋へ電力を供給し、約五〇〇〇灯の需要家を確保していたので、利根発電会社は地中へ電線の埋設を命じられるなど厳しい条件を付けられたために、建設費がかさみ、資金難に悩まされています。四十四年に資本金を一万二〇〇〇株から二万四〇〇〇株に倍増し、高津も一五〇株から二一五株に増加しましたが、東武鉄道社長の根津嘉一郎が五五〇〇株を引き受け、筆頭株主になり相談役に選出されています。

四十三年十月に利根発電会社取締役の橋本忠次郎らが東京での電灯事業を計画した日本電灯会社

への電力供給を要請され、電灯会社が五万株を譲与することを条件に承諾しましたが、笠井社長はこれに反対し、そのもつれから四十四年一月に利根発電会社社長を辞任し、葉住利蔵が新社長に就任しました。高津仲次郎の日記には明治四十四年十月の重役会と定時株主総会出席を最後に以後の記事はなく、笠井社長辞任に伴う改組の過程で高津は利根発電会社の重役を辞任したようです。

利根発電会社は高崎水力電気会社と前橋市での営業をめぐって競争を展開しましたが、四十四年二月に九万五〇〇〇円と渋川町の電力供給権などを高崎水力電気会社に提供して、前橋の供給権を獲得しました。同年十一月には利根電力会社を買収し、さらに栃木電力会社、渡良瀬水力電気会社を合併して、埼玉県、栃木県へ営業区域を拡大しています。四十五年には南関東への進出を計画し、埼玉電灯会社、幸手《さって》電灯会社、千葉電灯会社などへ電力供給をはじめます。こうして電灯需要は増加し、四十三年の二万一三六五灯から大正二年には六万七五一三灯と三倍以上になりました。

利根発電会社は群馬県、栃木県、埼玉県の七十九市町村へ電力を供給するとともに、東京への遠距離送電を行い、一万四〇〇〇キロワットを発電し、十六万灯の需要家、三九七キロに及ぶ送電線を持ち、関東有数の電気事業者となっていましたが、第一次世界大戦の戦後恐慌により経営が不振となり、十年四月一日に東京電灯会社へ吸収合併されてしまいます。

利根発電会社と競争していた高崎水力電気会社は大正三年の二万六一一二灯から十年には十万八

六八〇灯と四・二倍にも増加し、長野電灯会社などからの電力の供給を受けていましたが、経営が悪化し十年十二月、東京電灯会社に合併しました。

利根発電会社、高崎水力電気会社などを合併した東京電灯会社は大正十二年には二十万キロワット以上を発電し、需要家一〇〇万戸に三〇〇万灯を供給する大規模電気企業に成長しています。甲州財閥の若尾家が大株主でしたが、同じ甲州出身の根津嘉一郎も大正十年には株式を所有しており、取締役になっています。

利根川水力電気会社・群馬電力会社・東京電力会社

東京電灯会社に合併された利根発電会社とは別に、高津仲次郎が関与したのは利根川水力電気会社です。後に群馬電力会社と改称し、さらに東京電力会社となり、利根発電会社も合併した東京電灯会社と激烈な「電力戦」を展開します。

利根川水力電気会社は明治三十九年に田島達策が設立を出願しましたが、浅野総一郎が吾妻川での発電事業を計画し競合しましたのでその調整が必要となりました。吾妻郡松谷《まつや》（現吾妻町）を境界として、上流を浅野、下流を田島が利用して発電することで協定が成立しました。浅野は大正八年に関東水力電気会社を設立して、大正十四年から昭和三年までかかって勢多《せた》郡北橘《きたたちばな》村真壁《まかべ》に佐久発電所を建設しています。

明治四十三年二月九日に坂東《ばんどう》水力電気会社との合併を勧められ、群馬県庁で代表者が集会して協議し、四月二十四日にも協議しましたが、合併は不調に終わりました。

利根川水力電気会社の計画を実現させるために政友会の援助を求めて、四十四年一月十八日に、高津は上毛水電会社の発起人ともなり、衆議院議長であった大岡育造を根岸峅太郎らと訪問しました。その後、藤野近昌、神戸のサミエール社の友常穀三郎、根津嘉一郎、利光鶴松らを訪問して協力を要請しました。友常が協力する条件として大岡育造に委員長就任を提示しましたが、承諾は得られませんでした。

四十五年六月二日、外資導入につき山田勝太郎らとともに高津は大岡育造と会見し、六月八日にアメリカ人パッサノと仮契約を締結しました。パッサノがアメリカに帰り九十日以内にシンジケートから資金提供を受けられるかを決定する、金額は一五〇〇万円とし六%の利子を付ける、報酬五%、七十五万円をパッサノに支払うという内容でした。十三日には常務委員会で協議し、日本側の斡旋者山田勝太郎らに一%の報酬を支払うことを決定しましたが、山田は報酬が過少であると二・五%を要求しましたので、条件があわずに失敗したようです。その後、ロンドンでも募集を試みましたが失敗しています。

大正五年六月十日に高津も発起人のひとりになって、利根川水力電気会社創立委員会を開き、規約などを決定しました。六年七月二十五日に創立総会を開き、利根発電会社の社長であった笠井愛次郎を社長とし、橋本信次郎、武藤金吉らを取締役、井上角五郎、久米民之助、田島達策を監査役に選出しました。資本金四〇〇万円として利根川水系で十一か所に獲得した水利権によって四万キロワット以上の発電を計画しました。

八年四月十五日に利根川水力電気会社を改称して、群馬電力株式会社創立事務所を京橋区尾張町の東海銀行支店に設置し、二十一日に前橋で群馬電力会社創立披露会を開きました。高津仲次郎は発電所設置のために吾妻郡中之条町、太田村《おおた》（現吾妻町）、小野上村《おのがみ》、金島村《かなしま》（現渋川市）役場を訪問し、町村長をはじめ地域の有力者に了解を求め、五月には渋川町に行き町会議員、有志に面会して株式募集の協力を求めています。安田善三郎が二万株、京浜電気鉄道社長名義で二万株、合計四万株を引き受け、発起人も出資し高津仲次郎は五月二十七日に群馬電力株式二〇〇〇株の代金二万円を安田銀行から借り入れて引き受けました。

七月五日に創立総会を開き、資本金七〇〇万円とし、社長に安田善三郎、副社長に田島達策、取締役に高津仲次郎らを選出しました。群馬電力会社は七万ボルトを送電する予定でしたが、十万ボルトに増加し、四万キロワットを送電することに改めました。

九年四月三日には一万八〇〇キロワットの群馬電力会社発電所起工式を金井発電所で開きました。十一年二月六日には高津仲次郎は田島達策とともに金島村に行き、村長、区長らと面会し、群馬電力会社の水路用地買収を依頼し、その見返りとして金島小学校建築費に一万円寄付することを申し出ています。

九年十一月五日に吾妻電力会社を群馬電力会社に合併し、社長に安田善五郎、相談役に安田善次郎、取締役に安田善雄を選出し、それ以外は従来の役員が再任されました。

十一年十二月に金井発電所の建設が完成して運転を開始し、十二年四月に京浜電気鉄道会社から東京・川崎方面の電灯動力供給権を譲り受け、五万戸、約二十万灯の需要家へ電力の供給を開始しました。東京電灯会社の一五〇万灯とは大差がありますが、静岡県の早川電力会社の二十一万灯に次いで関東地方では第三位の規模です。さらに吾妻軌道会社を合併するなど事業を拡大しました。

十二年四月に安田善三郎が社長をしている京浜電気鉄道会社の東京・川崎方面の電灯電力供給事業を、群馬電力会社が譲り受け、さらに事業規模を拡大しました。しかし、東京電灯会社との競争もあり、資金繰りが苦しくなり、東邦電力会社の資金提供を受け、十二年十二月に安田善五郎社長らが辞任し、田島達策が社長、東邦電力会社副社長の松永安左衛門が副社長、大同電力会社社長の福沢桃介を取締役に選出しました。群馬電力会社は安田系から、愛知県を中心に電気事業を展開して五大電力のひとつとなった東邦電力会社系列に入ったのです。

十四年三月十六日、群馬電力会社と、東邦電力の支配下にあった静岡県の早川電力会社とを合併して、東京電力会社が成立しました。取締役社長に田島達策、副社長に東邦電力会社副社長の松永安左衛門、常務に安田善五郎、高津仲次郎らが役員に選出されました。資本金四二二五万円で、本社を東京に置きました。

東京電力会社は昭和元年十月に静岡電力会社を合併し、神奈川県鶴見町に火力発電所を建設し、資本金八六〇〇万円で昭和二年から東京電灯会社と「電力戦」を展開しましたが、昭和三年四月一日、競争の結果営業成績が悪化し、三井銀行が仲介して東京電灯会社と合併することになりました。高津仲次郎の日記には大正十五年十二月二十七日の「東京電力定時総会ニ臨ム」の記事を最後として、日記そのものがありませんので、昭和二年以後の高津と東京電力会社との関わりは分かりません。三年に高津仲次郎は衆議院議員に当選し、十二月に死去しましたので、この合併には積極的には関与していないようです。

小規模電力企業

高津は小規模な電気事業も手がけています。群馬電力会社と平行して烏川水電会社設立を計画し、水利権を一万五〇〇〇円に評価し、その譲渡資金の半分を東京で引き受け、残り半分を地元で引き受けることにし、大正八年六月十八日に創立発起人会を開きました。十一月九日に創立総会を高崎で開き、役員選挙を行い、取締役に吉村鉄之助、根岸峼太郎、高津仲次郎らを選出し、互選の結果、吉村鉄之助が社長、根岸峼太郎が副社長に選ばれました。烏川電力会社は発電所建設はできず、高崎水力電気会社から購入して配電しました。

十年五月九日には渋川町の有力者羽鳥友太郎らと高津が会見し、羽鳥らが関係する西上電力会社を烏川電力会社に合併しました。粕川《かすかわ》水電の合併も検討したようですが、これは実現しませんでした。しかし、烏川電力会社は資金繰りが苦しくなり、十二年五月二十一日に東京電灯会社へ営業権を引き渡して解散しました。

高津仲次郎は大正六年十月に吾妻川水力電気を計画し、三十一日から十一月三日まで田島達策、技師上倉俊とともに川原湯《かわらゆ》、岩島（現吾妻町）、岩井堂、小野上（現小野上村）、金島、鯉沢（現渋川市）などを現地調査し、引き入れ口を確認しています。七年七月に安田善三郎が投資を承諾し、資金確保の見通しができましたので、九月三日に群馬県庁に中川友次郎知事、土木課長らと面会して、早期に許可することを依頼しています。九年一月二十日に吾妻電力会社を資本金五万円で設立し、将来群馬電力会社と合併することにしました。金井発電所の放水を利用して、金島村阿久津《あくつ》で発電する予定でした。

大正六年十二月からは渡良瀬川水力電気会社についても計画し、七年二月に現地調査を県庁の技師とともに実施し、九月に桐生町で電力供給予約を協議しています。

十一年八月四日に渡良瀬水電株式会社発起人会を開きました。十五日、十六日に高津は桐生、大間々《おおまま》、水沼の有志を訪問し、渡良瀬水電会社設立の協力を要請しています。また、東武鉄道社長の根津嘉一郎を訪問して同社設立の援助を求めています。九月二十七日に東京の保険会社協会で同社創立総会を開き、社長に本多貞次郎、取締役に高津仲次郎らを選出しました。十一月二十日に起工式を山田郡福岡村（現大間々町）で挙行し、高津仲次郎も出席しました。十一月二十二日に知事、県庁職員、県会議員、新聞記者を前橋に招いて同社設立を披露しました。福岡発電所建設工事は関東大震災のため一時中止し、昭和元年に完成し、翌二年から七〇四〇キロワットを発電し、東京電灯会社へ電力を販売しました。さらに、大間々発電所を建設し、福岡村営電気、赤城電力会社、沢入《そうり》水力電気会社を合併して電力の一般供給事業を始めました。

そのほか大正十二年の群馬県内の電力事業者は、東京電灯会社が五十三万灯を供給してほぼ独占し、群馬電力会社がそれに対抗していましたが、零細規模の事業者が二十六もありました。粕川水電が一万灯を超えるだけで、千灯以下が十二、最小規模は四十五灯だけの電力供給です。大規模業者のサービスが行き渡らない地域に、ランプよりも数段と明るい電灯を点らせたいという地域住民の願望が、それを支えたのだろうと思います。

こうして明治三十九年から二十年余も電気事業に取り組んだ高津は、育成した東京電力会社が競争に敗れて東京電灯会社に吸収されたことにどうした感慨を持ったでしょうか。興味がありますが、いっさい記録がありません。ただ、各地に零細規模で起業した発電会社が巨大産業に発展したことは事実であり、高津が政界、財界、官界を連携させて地域社会を発展させようとした努力は報われたといえるのではないでしょうか。東京電灯会社に合併した時の東京電力会社の発電所は、水力十九か所、火力五か所、電力供給区域は群馬県内では中之条《なかのじょう》、名久田《なくた》、沢田の三か村でしたが、東京、神奈川、静岡三府県で二市二二五町村に及んでいました。

なお、東京電灯会社は戦時中の統制経済のもとに昭和十七年に解散し、関東配電株式会社に電力事業が吸収されましたが、昭和二十六年に同社は解散し、九電力会社に受け継がれ、東京電力会社が関東地方で電気事業を展開しています。

こうして高津仲次郎は産業を育成し、地域振興に貢献したのです。特に水力発電は農業に直結する水利権に関係する事業であるために、政治的にも厳しく統制され、官公庁の許認可を得ることが難しいのです。農民の反発を受ける可能性が高い水利権に手はつけないことが、県知事の秘かな引き継ぎ事項になっていたともいわれます。水力電気事業を展開するには政界、官界への根回しが不可欠だったのです。さらに莫大な資金が必要ですからそれを提供することを財界に働きかけることも必要です。発電所を設置する地域の自治体や住民との調整もあります。そのうえ、水利権を利用している農民はもちろん、筏流《いかだ》しにより水利を利用する材木業者との紛争を高津は解決していま す。電柱を立てるにも土地所有者の了解を得る必要があり、その実務は業者に一任していますが、紛争が起これば高津が前面に出て解決しています。政官財界の調整、直接水利と関わる自治体、民衆との交渉など水力発電事業を推進するのに、高津の衆議院議員の経歴、政友会群馬支部幹部の肩書き、説得力、交渉力、何よりも地域振興の熱意があったから可能だったのです。

高津は発電会社の役員に就任して給与を得たり、発行する株式を購入して、報酬を得ました。産業の発展により生まれた地域利益の一部を報酬として得ることは、正当な謝礼といえるでしょう。

上越線・八高線

高津仲次郎は交通機関の整備に関心が高く、第一議会では衆議院で信越線の敷設よりも先に上州と新潟とを結ぶ上越鉄道の建設を訴えています。

二十五年七月に上越鉄道期成同盟会の組織会に出席して、翌八月に大会を前橋で開き、その後有志者懇親会を開いて運動を盛り上げています。九月には期成同盟会委員として木暮武太夫、前橋市の実業家の下村善太郎らとともに陸軍参謀本部次長川上操六《そうろく》を訪問し、軍事上からも上越線建設が有効であると訴えています。

二十九年一月、前橋の臨江閣で上越鉄道発起人総会を開き、本格的な運動を展開しました。二十七年五月に前橋・長岡を結ぶ毛越鉄道として出願しましたが、翌二十八年六月に上越鉄道と改称して再出願しています。私鉄ブームの中で高津らの上越鉄道以外に、高崎・沼田・湯沢・長岡・新潟間を結ぶ毛越鉄道、万世橋《まんせいばし》・川越・高崎を結ぶ中武鉄道、八王子・高崎を結ぶ武上鉄道など類似の鉄道計画が構想されていたので、運動を強力に展開するために中村元雄群馬県知事を交えて合併を協議し、その交渉委員の選定を中村知事に一任しました。交渉委員に上越鉄道からは前橋市長笹治元、古くから上越鉄道実現に奔走していた岡村貢らとともに高津仲次郎が選ばれ、毛越鉄道の高崎市長矢島八郎、木暮武太夫、埼玉県の根岸武香らと協議して、高崎町飯塚から利根川を渡り、前橋、渋川を経て新潟に達する路線を上越鉄道として申請し、二十九年七月に許可されました。

さらに中武鉄道を加えて、万世橋・川越・藤岡・高崎・湯沢・長岡・新潟を結ぶ南北中央鉄道として、発起人協議会を帝国ホテルで開催しました。二十九年二月に出願したところ、こちらは三十年四月に却下されました。

上越鉄道は許可されましたが、建設資金の目途が立たず三十四年四月に失効し、上越線実現は頓挫しました。その後上越線は国有鉄道として敷設が始まり、大正九年から順次開通し、全線開通は昭和六年でした。

大正十年十月に多野郡会議事堂で有志三十余人が集まり、新町、藤岡、鬼石《おにし》間の交通機関促成を協議し、多野郡交通機関促成委員会を組織し、高津も相談に応じています。翌十一年七月に多野郡会議事堂に有志会を開き、廃止になった小田原熱海間の軽便鉄道を買収して敷設することを決め、交渉委員に町村長とともに高津も選出されましたが、この軽便鉄道は実現しませんでした。

十一年十一月に高津仲次郎は代議士龍野周一郎と八王子・高崎間鉄道敷設を協議しています。九年から上越線が一部開通したことに刺激されたのでしょう。直ちに高津は藤岡町へ行き町長、町会議員と協議するとともに、町長らと政友会員募集の密議をしています。十二月に八王子・高崎間鉄道新設を陳情したところ、八高線を含んだ建設路線を閣議決定しています。八高線の建設が決まったので、藤岡町長平井喜兵衛、町会議員とともに高津は上京し、龍野周一郎から八王子・高崎間鉄道敷設が閣議決定されたことを確認し、喜んで帰宅しました。翌十二年一月、藤岡町助役らが上京して龍野の自宅で八王子、高崎間鉄道新設に関する運動方針を協議しています。沿線の八王子、小川町、飯能《はんのう》町、児玉町、越生《おごせ》町、高崎市から有志が出席しました。十二年五月、高崎市長、同商業会議所発起の八王子高崎間鉄道案貴衆両院通過祝賀会を高崎市公会堂で開き、高津は招待されて出席し、ともに喜んでいます。しかし、八高線建設がなかなか始まらないので十四年十二月に、群馬県会が八高線促成の建議を可決しています。その審議のなかで、埼玉県有志が路線を深谷《ふかや》へ迂回させようとしているために建設が遷延していると批判しています。地域利害により路線の変更が検討されたようです。

八高線は高津の死去する昭和三年に着工し、六年に倉賀野・児玉間が開通し、九年に工事は完了して八王子・高崎間全線が開通しました。残念ながら高津は八高線開通を見ることはできなかったのです。

高津仲次郎は桐生・前橋を結んで赤城山南麓を横断する私鉄上毛電鉄の建設にも関わっています。高津仲次郎が重役だった群馬電力会社の技師であった上倉俊が会社幹部の了解を得て赤城南麓の鉄道建設を発案し、大正十二年に出願し、翌十三年六月に前橋・桐生間、大胡《おおご》・本庄《ほんじょう》間の鉄道敷設が許可されました。十三年七月、上毛電鉄会社発起人会を前橋に開き、県会議員飯塚春太郎、森川抱次、高津仲次郎ら十一人が準備委員に選出されました。高津らは王子電車会社社長の植村俊を上毛電鉄会社社長に擁立しようと、八月九日に訪問しましたが承諾は得られませんでした。十月には根津嘉一郎を訪問し、利根川電力会社とともに、上毛電鉄会社についても協議しています。

上毛電鉄会社の資本金募集が困難でしたので、群馬県の七日市藩主の子孫の貴族院議員前田利定、埼玉県出身の製紙業者大川平三郎などに懇請しました。その結果、前田、大川らが承諾して十二月に前橋に来て、翌日大胡、伊勢崎、桐生の上毛電鉄敷設予定地を視察しています。その後、高津が桐生市長、大間々町長と会見して上毛電鉄の件を協議し、翌十五年一月七日、群馬県会議事堂で上毛電鉄発起人会を開き、創立委員長に大川平三郎、創立委員に高津仲次郎ら七人、各地発起人に一〇八人をあげています。五月に上毛電気鉄道株式会社創立総会を東京の日本工業倶楽部で開き、資本金四〇〇万円とし、取締役社長大川、常務上倉、取締役森川抱次、千明賢治、監査役高津、相談役に東京実業連合会長星野錫と貴族院議員前田利定、館林藩主の子孫で同議員の秋元春朝、元貴族院議員で前橋藩主の子孫松平直之らの重役を選出しました。

昭和三年二月に前橋・桐生間の上毛電鉄建設工事を着工し、高津仲次郎が死去する一か月前の十一月に営業を開始しました。大胡・本庄間の鉄道計画は資金難のため着工できず、昭和九年に免許が失効となり、幻の鉄道計画に終わりました。

鉄道建設には莫大な資金を必要とし、広範囲な地域に影響を及ぼすために、国家による統制が厳しかったのです。政界、官界、財界をまとめる調整の役割を高津仲次郎が果たし、地域開発に貢献したのです。地域産業を振興するために地域内の利害を調整し、官公庁の許認可を得るためにも、政治的立場の異なる在野の勢力を統合する上毛大合同をはかったのです。

第三講　名望家主導の地方政治

三保派との和解

昨日は高津仲次郎の産業面での尽力をお話ししましたので、今日は高津の追求した地方政治の実態について話したいと思います。

明治二十九年（一八九六）九月の『高津仲次郎日記』に次の記事があります。

十日　郡会議開会ニ付各議員本日ヨリ出岡セリ、是ヨリ先キ町田菊次郎、新井喜平ノ二氏、廿三年以来衆議院議員選挙ノ為メ郡内軋轢ノ患アルヲ以テ今回多野郡会始メテ開ケ《（ママ）》役員組織ニ際シ一致協同ノ実ヲ挙ゲンコトヲ各議員ニ勧告セシニ、多年ノ行キ掛リ一朝一夕ニ融解スベキ模様ナカリシガ、翌十日ニ到リ遂ニ調停ヲ容ル、コトトナレリ、然ル上ハ郡会ニ於テ選挙ヲ行フベキ議長、代理者、郡参事会員ハ高津派ノ定ムル処ノ候補者ニ就キ一致ノ投票ヲナスコト、又知事選任ニ係ル郡参事会員ハ三保派ヨリ挙ゲラル、モ、之レニ同意ヲ表スルコトトシ、高津派ニ於テ候補者ヲ定ムルニ当リ左ノ配置法ヲ規約セリ（但シ口約ニ止ル）

一旧緑野郡ニ参事会員二名ヲ置キ県会議員一名ヲ置クコト

一旧南甘楽郡多胡郡ハ県会議員一名ヲ代ル々々選出スルモノトシ、県会議員ヲ出スト郡《（ママ）》ハ議長代理者ヲ置キ、他ハ参事会員一名ヲ置クコト右ノ約束ヲナシ直チニ余ニ候補者ヲ指名スベキコトヲ乞フ、余ハ之レヲ諾シテ、議長代理者ニ旧南甘楽　宮前虎一郎ヲ、参事会員ニ旧緑埜　田島定蔵、飯塚志賀、向井周弥ヲ指名推選シタリ、此日選挙ヲ行ヒシ結果左ノ如シ

一議長代理者　宮前虎一郎　十六票出席者十九名
一郡参事会員　田島　定蔵　十八票
一同　飯塚　志賀　十七票
一同　向井　周弥　十七票

右ノ如ク党派感情ヲ去リ一致ノ投票ヲ行ヒタルハ、郡内平和ニ帰スルノ端緒ナルヲ以テ両派議員藤川楼ニ会シ懇親会ヲ開キタリ、今両派議員別ヲ挙レバ左ノ如シ

高津派　井元　豊治　藤岡　田島　定蔵　美九里
飯塚　志賀　三波川　佐藤松太郎　美土里
須川菊次郎　八幡　多胡貞三郎　小野
輿水　陽三　新町　向井　周弥　多胡
安藤馬太郎　吉井　堀口周次郎　入野
新井　貞巡　美原　宮前虎一郎　神川

山口九十郎　上野　　黒沢嘉一郎　中里
三俣派　高山　文英　神流　　中小根嘉六　鬼石
久米胎一郎　平井　　小柴重太郎　日野
大地主　新井　新吉　入野
大地主無所属　原　善三郎　横浜

三俣素平ヲ以テ知事選任参事会員ニ上申セラレンコトヲ郡長ニ請求シタリ

高津は自由民権運動以来の同志であった三俣素平と、同じ選挙区から立候補して競争したために、第二回衆議院議員選挙以来対立していました。個人的に交際がなくなっただけであればどうということはありませんが、地方政治に大きな影響力を持つ二人の反目は地方政界に対立を持ち込んでしまいました。二人とも民権家でしたから主義主張はそれほど変わりありません。同じ選挙区からいっぽうが当選して代議士となり、残りは落選して代議士にはなれません。特に群馬県第三区は激戦区でしたので、三俣素平は自分自身の当選を断念して高津仲次郎と争った中島祐八を応援したことから、高津とも宿敵となってしまったのです。

その後、国政レベルの衆議院議員選挙、県レベルの県会議員選挙、郡レベルの郡会議員選挙、町村レベルの町村会議員選挙とさまざまな選挙が実施されましたが、多野郡では代議士選挙に立候補した高津と三俣を頂点として、人脈が形成され、それぞれの支持者が選挙のたびに争い「郡内軋轢ノ患」が生まれていたのです。主義主張が異なるのではなく、感情面での反発が根強くなっていました。そのために地方政治の運営に支障が出るほどでした。

そこで多野郡の有力者の町田菊次郎らが両派の調停をしたのです。町田は養蚕結社として著名な高山社《たかやましゃ》社長で、高津家も高山社の養蚕伝習所になっていますので、親密な関係を持っていました。明治二十九年に郡制が施行され、緑野郡・多胡郡と南甘楽郡が合併して多野郡が設置され、多野郡会が開かれることになりました。これを契機に郡会役員を両派が一致協同して選出することを郡会議員に対して勧告したところ、「多年ノ行キ掛リ一朝一夕ニ融解スベキ模様」はなかったが、議員も多年の政争が地方政治に支障があったことを感じていたためか、郡会議長、同代理者、郡参事会員は高津派が推薦する候補者を一致して投票すること、知事選任の郡参事会員は三俣派が推薦する候補者に同意することという、やや高津派に有利な内容の調停案を受け入れました。

さらに高津派では多野郡内の地域的バランスをとって、旧緑野郡に参事会員二人、県会議員一人、旧南甘楽郡と旧多胡郡とで県会議員一人を交替で選出し、県会議員を出す郡から郡会議長代理者、他は参事会員一人を選出することを取り決め、それぞれの候補者選出を高津仲次郎に一任しました。高津はこの申し出を承諾して、議長代理者に旧南甘楽郡の宮前虎一郎、参事会員に旧緑野郡の田島定蔵、旧南甘楽郡の飯塚志賀、旧多胡郡の向井周弥を指名しました。多野郡会での選挙結果は高津の指名したとおりの結果となりました。十九人の出席者のうち、十六人から十八人が賛成票を投じましたので、ほとんど全員が高津の指示を守ったのです。高津はこの結果を「党派感情ヲ去リ一致ノ投票ヲ行ヒタルハ、郡内平和ニ帰スルノ端緒」であると祝福しています。

現在からみるととても奇異にみえます。

郡会議長などの役員は郡会に出席した議員が選ぶのが当然です。ところが両派の対立があるために水面下での激しい競争が予想されるので、地域での有力者をメンバーに加えて両派が密室で協定を結んで、郡会議員でもない高津が郡会議長をはじめとした役員を指名し、郡会で選挙を実施するとその通りに決まっているのです。選挙そのものは形式的な手続きにすぎず、形骸化しているのです。調停した者も、郡会議員も、高津もそれが「郡内平和」になると喜んでいます。

江戸幕府が崩壊した後、高津仲次郎は強大な政治権力を民間の力で規制する必要性を痛感し、国政への参加を希求しました。自由民権思想からそれを行う機関として議会があることを知り、議会政治の実現のために民権運動に参加し、県会議員、国会議員に当選して地方政治および国政へ参加し、政治運動を展開してきた高津仲次郎のたどり着いた地方政治の理想的な形態が、地域の有力なひとにぎりの名望家が中心となって地方政治を決定できる体制だったのです。民衆が政治に参加してその意思を反映する民主政治ではなかったのです。おそらく民権運動の時期からその考えは一貫していたのだと思います。

赤城館事件

地方名望家は国政に参加するために議会政治の確立を民権運動で要求しました。明治二十三年に国会が開設され、議会政治が始まりましたが、官僚が大きな権限を持つ藩閥政府に対して、議会の意見がばらばらでは名望家の要望を国政に反映させるのは困難です。議会が団結して政府に効果的に対抗するには、議員を構成員とする政党の勢力を大きくすることが必要です。憲政党のように議会で圧倒的多数を占め第一党になって政権を担うことも可能となりました。高津仲次郎は自由党、憲政党、政友会にほぼ一貫して所属して、群馬県内で政党の拡大に努力しています。その極端な事例が赤城館《あかぎかん》事件と抱き合い心中事件です。

赤城館事件は明治四十年十月に、政友派と非政友派とが群馬県会役員をめぐって実力で争った事件であり、代議士武藤金吉らが家宅侵入罪で逮捕されるなど社会的関心を集め、特に政友派の横暴が非難され、県政の汚点と評価されています。この事件に「平民宰相」と後にいわれた原敬が深く関わり、さらに同様の事件が各県で起こっていることが指摘されています。単に群馬県内の偶然的な出来事ということのできない、政党政治確立過程で政党人の性急さが引き起こした事件といえるでしょう。この事件後高津仲次郎が群馬県会議長に選出されます。

はじめに事件とその後の経過を紹介します。

明治四十年八月四日、政友会群馬支部が結成されました。

明治三十三年に立憲政友会が設立されると群馬県でも支部が結成されましたが、桂太郎内閣の提案した地租増徴継続案を容認した本部に反発して、高津は北海道にいて協議には加わりませんでしたが、三十六年七月に群馬県支部を解散してしまいました。創立したばかりの政友会の求心力が弱く、野党的色彩の濃い自由党から政権党をめざす政友会への転換に地方支部が同調しきれなかったため、群馬県以外にも多くの支部が反発して解散しています。

ところが、三十九年に政友会総裁西園寺公望が内閣を組織し、政友会が政権を握ると、政友会に期待して「戦後各般の事業を完成し国家の福祉を増進」(『政友』八十八号、明治四十年八月三十日発行)するために群馬県支部が再建されたのです。同じく解散していた高知県支部が三十九年四月、大分県支部、函館支部が九月、長崎県支部が十二月に再興されたことに影響を受けたのでしょう。

支部再建の準備として脱会していた政友会員が復帰しています。代議士武藤金吉は七月三十一日に貴族院議員の秋元春朝子爵と政友会幹部の長谷場《はせば》純孝《すみたか》の紹介により入会しています。四月二十一日に、政友会に所属した宮部襄・佐藤虎次郎・木暮武太夫の三代議士が政友会本部を訪問して支部設置を協議し、政友会幹事会は群馬県支部設置の時期については群馬県選出代議士に一任することを決定しています。こうした準備を経て支部を再建したのです。九月二十五日に県会議員選挙が実施されますので、その一か月ほど前の日程にしたのです。

前橋市柳座《やなぎざ》で開かれた支部発会式には杉田定一、竹越与三郎らが本部から出席し、宮部襄を座長として秋元春朝を支部長に選出し、次の支部設立趣旨書を決定しています。

趣旨書

我帝国の国運は益々隆興の域にすすみ国勢は愈々発展の境に踏る、此機運に伴ひ興国経綸を策するは国民たるもの正に努むべきの責務なり

興国の経綸確立して之れを現実に施行せんとするは蝸牛角上の争を以て勝敗に一時の快を求むるが如き空論これ事とする小党のよくする処にあらず、真誠に経験あり、信用あり、勢力ある一大政党の力に由るにあらずんば焉んぞ能く其成功を期すべけんや

立憲政友会は創立以来茲に八閲年、其経験尠しとせず、今や其勢力は全国に普く、各府県大体支部の設けあらざるなく、萬民の輿望を担ひ居然として朝野に重を置かるゝ実に東洋の一大政党なり

我群馬県同志相協り立憲政友会に加盟し、茲に支部の設立を謀るは是単に一県一国の利益を目的とするものにあらず、戦後各般の事業を完成し国家の福利を増進せんとするに外ならず、其政見に至りては立憲政友会の主義綱領炳乎として厳在す、豈茲に贅するを要せんや

明治四十年八月四日

立憲政友会群馬支部

（『政友』八十八号、明治四十年八月三十日発行）

高津仲次郎と同じく堀口藍園に学び、自由党に所属して群馬郡渋川町長、群馬県会議員となった狩野定次郎は、その日記に政友会支部に加盟した動機を「渋川・八崎間里道ヲ県ノ補助道ト為シ、又農蚕講習所ヲ渋川ニ設定セシムル為メ此会ヲ利用」すると、渋川町の課題を政治的に解決するために政友会を利用することを明記しています。名望家は政権党となった政友会に地域振興を期待して、主体的に判断して加盟したのです。政友会が政権から離れ、地域振興に有効な政治力を発揮できなくなればふたたび離反する可能性があるのです。

高津仲次郎は北海道にいてこの支部創立大会には出席できませんでしたが、支部評議員に選ばれ、宣言書などの新聞報道の切り抜きを日記に貼りつけています。大会直後に北海道から帰省して、政友会強化のために奔走します。

八月二十八日に高津仲次郎は多野郡藤岡町で多野倶楽部を組織し、九月三日に総会を開きまし

た。多野倶楽部の目的は水害善後策の協議とともに、超党派の県会議員候補者の調整でした。総会では美土里《みどり》村元村長の佐藤勘兵衛を推薦する意見もありましたが、それを否決しました。さらに、藤岡町長の星野兵四郎、平井村長の久米胎一郎が佐藤を訪問して立候補を断念することを忠告し、佐藤を推薦する平井村有志を説得しました。そのほか、中大塚の小林五郎平ら三人が立候補する意志があり、高津をはじめ倶楽部員が手分けして断念を勧告しました。その結果、十二日に次期に美土里村から立候補する条件を付けて、立候補の意志のある五人が断念して多野倶楽部が推薦する候補者に同意することになり、高津仲次郎、飯塚志賀、糸井栄三郎を県会議員候補者に推薦することになりました。しかし、小泉信太郎、春山茂十郎らはこれに反対し、二十日に小泉らの推薦により三俣素平が立候補することになりました。

九月二十五日、県会議員選挙が執行され、選挙の結果、定数三十四人のうち政友会系二十二人、憲政本党系二人、大同倶楽部系五人、無所属その他六人と、政友会が圧勝しました。政党所属はあいまいな部分があり、政友会本部の記録では政友二十二人、準政友二人、大同倶楽部六人、中立二人などで、政友会絶対多数の府県としています。前回の明治三十六年の選挙結果は政友会六人、進歩党三人、中立二十三人、四十年の選挙直前には政友会五人、進歩党二人、無所属二十六人と、中立・無所属が圧倒的に多かったのが、ほとんどの議員が政党に所属し県会の政党化が進んだ点でも画期的でした。

多野郡では政友会所属の高津仲次郎・糸井栄三郎の二人、憲政派の中立飯塚志賀が当選し、革新倶楽部の三俣は落選し、多野倶楽部で調整した通りの結果となりました（『群馬県議会史』第二巻）。郡内の有力な名望家が密室で県会議員に立候補の意志のある者を断念させて候補者を定め、選挙結果がその通りになることが郡内の平和であると名望家は評価したのです。

中央の名望家とのパイプを持ち、地域社会を振興させる政策を導入することができる、少数の名望家が彼らの形成する秩序を維持しながら政治を運営できる、名望家体制が多野郡で確立したのです。また、中央名望家と接触し、地域振興に有効な政策を取らせる政治形態として政党政治がもっとも適していると判断したのです。

しかし、名望家体制は非有権者の民衆の意思は排除し、有権者のうちでも高津仲次郎らの名望家の意思が密室での駆け引きや交渉で貫徹し、それに民衆を従わせる体制です。このため、県会議員選挙終了後、事前の調整をして締め付けを強化した政友会主流に対する反発が強く、十月九日、田村庄作・岡田又八・糸井栄三郎ら政友会県会議員八人が政友会脱会届を提出し、非政友県会議員二十人が協同一致の規約を作成して連帯しました。非政友派県会議員の工作があったのでしょう。このため、県会の勢力分野は逆転し、政友会十四人、非政友二十人となってしまいました。政党所属といっても主義主張ではなく、さまざまな思惑や利害により所属を決定したため、その情報は公開されることはありません。当事者以外は知ることができないため、提示される条件次第で破棄されることも多く、政党所属は流動的でした。これ以後、誓約書とか血盟書などが作成されることが多くなりますが、密室での協議を破棄することを防止するためなのでしょう。

臨時県会開会前日の十月十三日、県会役員選挙における多数派工作を行って、政友会系議員を確保するために、武藤金吉・塩田清平ら衆議院議員・県会議員が前橋の旅館赤城館に行き、非政友派に転じた住谷長次郎《すみやちょうじろう》・新井佐五郎を拉致し住吉屋に連行して政友派に復帰させました。これに対して、非政友派の木檜三四郎らが住吉屋に押しかけ、奪回しようとしましたが、木暮武太夫・宮部襄・日向輝武・高津仲次郎・塩田清平らが防戦して引き渡しませんでした。この武藤金吉ら政友派が赤城館へ押しかけて住谷長次郎らを拉致したことを家宅侵入事件として木檜三四郎が告訴し、武藤金吉、塩田清平、石島良三郎ら八人が拘引されました。この一連の騒動を赤城館事件と称しています。

告訴については武藤金吉・塩田清平ら八人の予審終結が十月二十九日に決定し、家宅侵入事件として前橋地方裁判所軽罪公判に付すことになりました。前橋地方裁判所では武藤ら五人を禁錮二か月、執行猶予二年、それ以外の二人は無罪としました。武藤らは上告しましたが、その後武藤だけは上告を取り下げて代議士を辞職したうえで禁錮二か月に服役し、刑期を終えて四十一年九月の衆議院議員選挙に立候補して当選しました。

十月十四日に臨時県会が招集され、県会の役員選挙が執行され、木檜三四郎が仮議長となり仮議長の指名で、議長・副議長・参事会員・同補充員を決定しました。議事進行中「異議あり」と政友会の黒田孝蔵が発言したといいますが、仮議長は採決後であったとし取り上げませんでした。この決定を有田義資群馬県知事は正当と認め、十九日に県会役員選挙の結果を群馬県報に告示し、正式な手続きをとって県会役員は決定したはずでした。

これに対して政友会の高津仲次郎らが、政友会幹事の横井時男とともに内務省に出頭し、床次竹《とこなみたけ》二郎《じろう》地方局長らに群馬県会役員選挙は違法であると陳情し、二十四日に横井時男が来県して県会役員選挙について知事に面談し、取り消しを要求しましたが、有田知事は役員選挙は正当であり取り消す必要はないとつっぱねました。

十月二十二日、高津仲次郎ら政友会系県会議員十七人が次の協同一致の誓約書を作成しています。

誓約書

我々同志ハ群馬県民ノ福利ヲ増進スル為メ左ノ誓約ヲナス

一群馬県会ニ於テハ其行動ヲ一ニスル事
一明治四拾年十月拾四日ノ特別議会ニ於ケル違法選挙ノ取消ヲ遂行スル事
一此誓約ニ違背シタル者ハ自ラ其責任ヲ明カニスル事
右誓約ヲ確実ニスル為メ各自署名捺印スル者也

明治四拾年拾月弐拾弐日

群馬県会議員

大竹勝衛㊞　松本新太郎㊞　根岸峮太郎㊞
村田龍司㊞　阿久津直三郎[印]　土谷全次[印]
毛呂佳太郎㊞　福沢常五郎㊞　住谷長次郎[印]
後藤文平[印]　黒田孝蔵[印]　増田甚平㊞
金井慎三　高津仲次郎[印]　新井佐五郎㊞
正田虎四郎㊞　奥平金三郎

申合書

一我々は赤城館に於ける訪問事件に就き誤認されたる告訴に拠り被告人となりし同志の者の為め、極力救助の事に尽くすべきを誓約す

明治四拾年拾月弐拾弐日

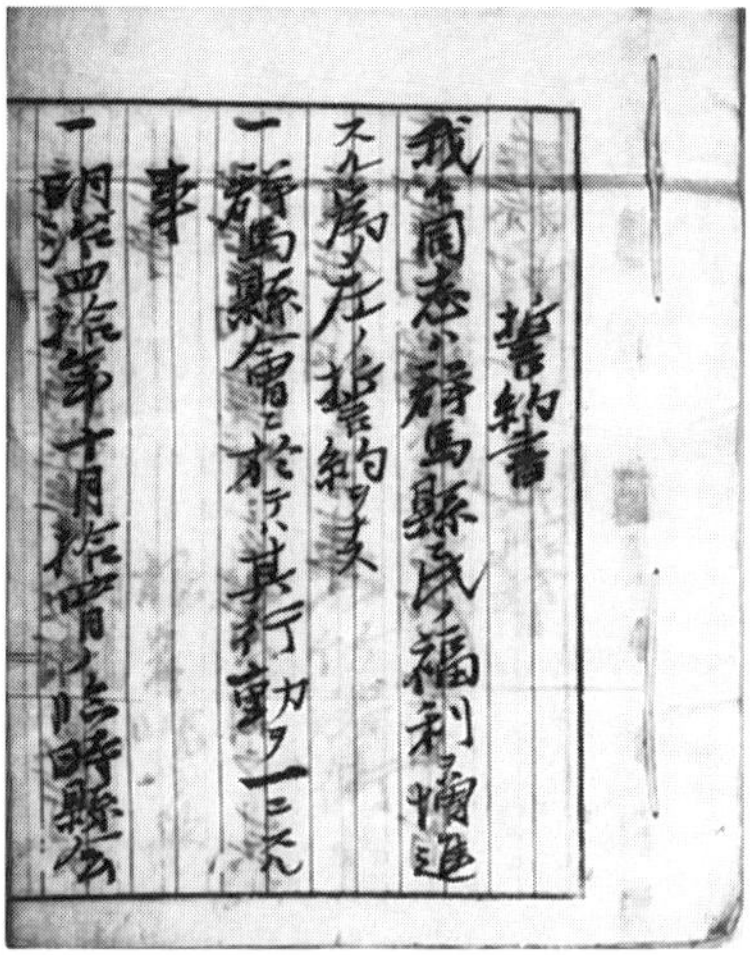

誓約書
我々同志ハ群馬縣民ノ福利ヲ増進スル爲メ左ノ誓約ヲ為ス
一 群馬縣會ニ於テハ其行動ヲ一ニスル事
一 明治四拾年十月拾四日ノ臨時縣会

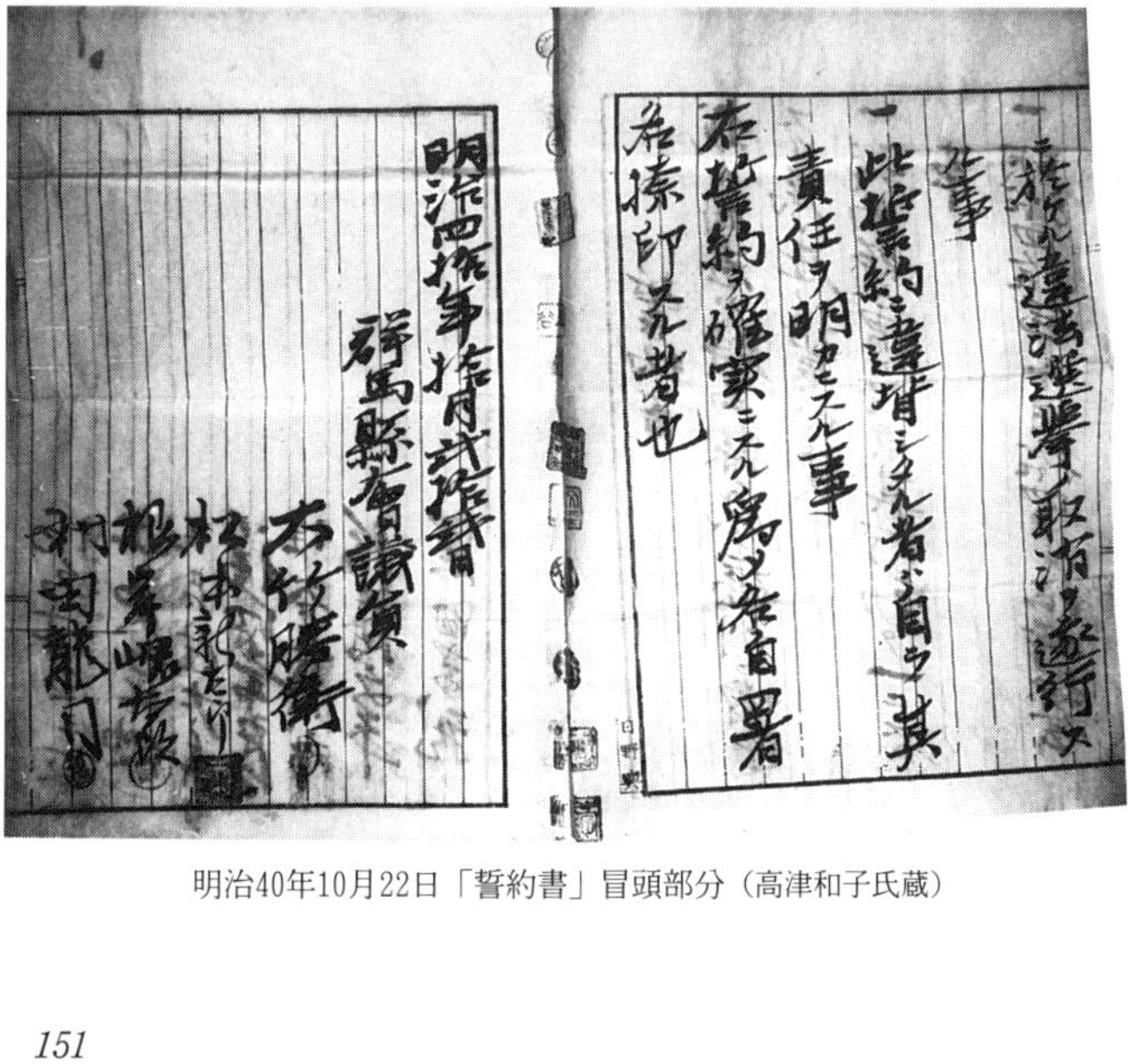

ニ於ケル違法選擧ノ取消ヲ遂行スル事
一 此誓約ニ違背シタル者ハ自ラ其責任ヲ明カニスル事
右誓約ヲ確實ニスル爲メ各自署名捺印スル者也

明治四拾年拾月弐拾弐日
群馬縣會議員
木村勝衛
松本新太郎
根岸峴太郎
村田龍門

明治40年10月22日「誓約書」冒頭部分（高津和子氏蔵）

群馬県会議員

福沢常五郎㊞　増田甚平㊞　新井佐五郎㊞
高津仲次郎印　土谷全次印　根岸嵋太郎㊞
松本新太郎㊞　大竹勝衛㊞　後藤文平印
黒田孝蔵印　奥平金三郎　金井慎三
住谷長次郎印　毛呂佳太郎㊞　正田虎四郎㊞
糸井栄三郎　村田龍司㊞　阿久津直三郎印
神保顕禄㊞

この誓約書に署名した十七人が政友会系県会議員であり、県会で共同一致の行動をとり、臨時県会における役員選挙を違法としてその取り消しを求めることを誓約し、さらに糸井栄三郎、神保顕禄の二人を加えた十九人が赤城館事件で告訴された同志を救済することを申し合わせたものです。赤城館事件で拉致された住谷長次郎、新井佐五郎は両方に署名・捺印し、政友派に転じています。多野郡で政友会所属として当選した糸井栄三郎は誓約書には名前はなく、申合書には名前だけがあり捺印はしていません。神保顕禄は申合書だけに署名・捺印しています。

政友会幹部の原敬内務大臣は『原敬日記』に「茨城県、埼玉県及び群馬県に於ける県会の騒擾に関し夫々採決を与へたり。…群馬は選挙当時少数なりし進歩党《（ママ）》が政友会の不平者を利用して多数となり、遂に異議者ありしに拘らず役員を指名し採決をなさずして閉場を告げたるものにて正当のものにあらず、故に之が取消を命じたり。…今回の如く政友会の利益となる事もあり又意外に不利益となる事もあれども、余は党員としての処置と内相としての処分とは全く区別して常に処分をなしつつあるなり」と、群馬県会役員選挙の取り消しを命じました。内務大臣として公平に処分したものであり、結果として政友会の利益になったのであると弁明しています。

群馬県知事が正当と認め告示までした決定を、内務大臣が否定して取り消してしまったのです。県会・地方自治の全面的な否定であり、知事の面目は丸潰れとなりました。当然有田知事は弁明しましたが受け入れられず、辞表を提出しました。

それについては『原敬日記』に次のようにあります。

〔四十年十一月六日…引用者注、以下同〕群馬県知事有田義資辞表を出し…昨日閣議の末に閣僚にも告げ置き、昨夜本省関係者を集めて協議し、南部光臣を挙げて後任となし本日裁可をえて発表したり、有田は昨年既に休職を命ずべきものとして本省関係者は之を提議せしも、余は同人が福島県にて凶作の為め尽力せしを思ひ群馬に転任せしめたるものにて、固より惜しむべき人物にあらず…聞く処によれば、彼は上京中清浦、大浦等を訪問しその教唆に乗って辞表を出したるが如し、彼は警部上がりにて大浦等に属するものなり、山県系の小策常に斯くの如し有田知事は山県有朋系の清浦奎吾・大浦兼武の示唆により、抗議のポーズとして辞表を提出したのを、原が敢えて解任したのです。

四十一年二月二十五日付けの『上毛新聞』に、「群馬県会問題は当初より桂派の利用する所となり大浦氏黒幕となりて頻りに有田知事を援けて遂に辞職せしむる迄に至り…代議士須藤嘉吉氏（大同派所属）は…大浦氏を訪ひて是に対する策戦方法を授かり…大浦氏の指金を受けたるものなるは、群馬有志家の普く知れる所也」とあり、原敬の観察のとおり裏面で大浦が黒幕として指図しており、非政友会の大同派須藤嘉吉、猶興会《ゆうこうかい》関口安太郎も同調して有田知事を擁護したと報道されました。中央の原敬・山県有朋の群馬県での代理戦争が、赤城館事件とその後の政争であったともいえます。

十一月六日、有田義資知事が罷免され、南部光臣《なんぶみつおみ》知事が任命されました。十一月八日に南部知事が赴任し、同日に事務引き継ぎを行うと同時に、十月十四日の臨時県会の役員選挙の取り消しと臨時県会の招集を告示しました。

十一月十二日、臨時県会で県会役員再選挙が行われました。県会議員のうち政友会所属議員は十四人、そのほか糸井栄三郎ら五人が政友会に同調し、合計十九人が政友系であり、非政友は木檜三四郎、今井今助、星野源左衛門、飯塚志賀ら十五人でした。政友会の高津仲次郎が仮議長になり、議長・副議長・参事会員・同補充員を決め、木檜三四郎らが不法であると批判しましたが、議長高津仲次郎ほか県会役員を選出しました。

十月十四日の県会役員選挙の結果は、実業同志会一人、大同派五人、無所属一人、政友会脱会者七人が選出されましたが、十一月十二日には政友会十三人、無所属二人と圧倒的多数の役員を政友会が占めました。こうした紛争の過程で高津仲次郎が明治三十六年以来久しぶりに県会議長に就任したのです。この赤城館事件の中心人物として、政友会勢力が群馬県会を支配することに成功した功績を認められ、高津が群馬県政界に完全復帰したことを示したのです。

高津仲次郎はこの事件の一連の書類を「明治四十年県会役員選挙取消顚末」と題して一括して保存しています。

日露戦争後政党が地域利益導入をてこに勢力を拡大し、地方ではそれを受け入れて積極的に政党に加入しました。その転換期に起きたのが赤城館事件であり、それに深く関わった高津仲次郎が県会議長に復帰したのです。

再選挙の県会役員人選については政友会内で事前の談合がありました。群馬郡から名誉職参事会員を出すことが了解されていましたが、具体的な人選になり、紛糾しました。郡北部の後藤文平が就任する予定でしたが、衆議院議員選挙出馬を検討していた郡南部の根岸峿太郎が就任を希望しました。そこで、後藤が参事会員を辞退する代わりに出した条件が、吾妻郡中之条町に設置してある県立農業学校を後藤の支持基盤である群馬郡渋川町に移転することでした。渋川町の有志が地域振興のために希望していたことを後藤が取り上げたのです。

この理不尽な条件を政友会県会議員団は認め、参事会員に根岸が就任し、農業学校の移転を県会で決議し、その実現のために政友会群馬支部を中心に猛烈に運動を展開しました。十二月十九日、県立農業学校の渋川移転建議を後藤文平・根岸嵎太郎らが県会に提出し、吾妻郡選出の非政友の木檜三四郎は党派的な建議であると反対しましたが、採決の結果賛成多数で可決してしまいました。四十一年一月九日には農業学校移転反対の吾妻郡民大会が開かれました。

四十一年七月に西園寺内閣から桂内閣に代わり、政友会内閣という後ろだてがなくなったために、政友会群馬支部はそれ以上運動を展開することができず農業学校の移転は実現しませんでしたが、党利党益のみを考えた政党政治のひとつの代表的な事例といえます。

十一月二十九日、通常群馬県会が開催され、高津仲次郎は議長として出席しました。四十一年度予算案を審議しましたが、ほぼ原案通り可決しました。この県会で前回お話ししました利根川改修工事のための利根川治水費の群馬県負担額六十七万円余が提案されましたが、賛成十七人、延期説十六人でかろうじて一票差で可決しました。日露戦争後県財政が膨張し、県民負担も増大したことを反映して、悩まされてきた洪水を防止し、県民の安全を確保する経費についても、削減する要望が強かったのです。

抱き合い心中事件

その後、高津仲次郎が群馬県会の政友会勢力を維持するために自ら投獄を覚悟して贈賄を自首する事件を起こします。当時、抱き合い心中事件と呼ばれました。

明治四十四年八月三十日、桂首相が辞任し、第二次西園寺内閣が組織されました。政友会から内務大臣原敬らが入閣する政友会内閣の再現です。

四十年九月の選挙から四年目に任期が満了になった県会議員選挙が実施されますが、四十四年九月五日に政友会群馬支部が県会議員候補者を協議してその準備を進めました。高津仲次郎は四十三年三月の補欠選挙で当選した政友会所属で同郷の弁護士池田光之丞に議席を譲り、立候補しませんでした。以後、高津仲次郎は県会議員にはなりません。五十歳ですから老齢というわけではありません。県会議長を最後の花道にし、県会議員の議席を後輩に譲ったのです。しかし、政友会支部幹部として東奔西走して県内各地で候補者の調整を行い、選挙直前の二十日から二十二日まで、「少シモ睡眠セズ」と日記に記したほど激しい選挙運動を展開しました。

高津の選挙地盤の多野郡でも高津が中心となって候補者の調整をしています。九月二日に吉井町で多野郡の県会議員候補者選定を行い、小池安蔵を推薦することを決め、十一日に藤岡町で政友会系多野郡県会議員候補者を定めたときに、定員三人のうち小池安蔵と池田光之丞を推薦し、他の一人は非政友に譲ることを満場一致で決定しています。九月二十五日、県会議員選挙が執行され、その結果、政友会の小池安蔵（七九〇票）、池田光之丞（五六九票）、実業同志会の飯塚志賀（六二九票）が当選し、事前調整のとおり政友会員二人を当選させ、高津の面目は保たれました。

しかし、群馬県全体では、定員三十五人のうち政友会が十三人、実業同志会が十五人、中立が七人当選し、政友会内閣のもとで政友会が惨敗しました。政友会本部では、政友会十二人、準政友四人、非政友の実業派十六人、中立三人と判断しました。政党所属はまだ流動的だったのです。政友会本部も「比較的政友派の少数なる府県」として福島県とともに群馬県を挙げ、敗北を認めました。群馬県では積極政策を取る政友会は増税党との批判を論破することができず、織物消費税軽減などを非政友が主張していたため、蚕糸業・織物業がさかんな地域で政友会が劣勢となったのです。選挙間近になってそれまでの主張を変えて織物税軽減を政友会も掲げましたが、間に合いませんでした。

高津は選挙の結果の政党所属を、政友および準政友が十六人、非政友が十六人、中立が三人と政友会本部と同様に観察しました。後の裁判記録によると政友派、非政友派ともに十七人、中立議員一人と把握しています。いずれにしろ政友会は非政友と同数か劣勢であり、中立派県会議員を政友会に同調させる運動を展開しました。中立とみなされた新田郡選出の上原栄三郎を勧誘しましたが、これは失敗しました。高津は政友会が県会で少数に転落したことを挽回すべく工作し、非政友派を寝返らせることを試みました。

いっぽう、実業倶楽部も多数派工作を行い、臨時県会開催直前には次の十八人を確保したと『上毛新聞』に報道されました。

今井今助、木暮茂八郎、北爪勝三郎、金沢卓郎、高橋雄吉、岡田又八、入沢園吉、広神正次郎、長沼宗雄、飯塚志賀、星野源左衛門、岡田養平、芥川辰次郎、白石栄三郎、園田豊松、川島太一郎

しかし、この所属も流動的であり、高津は日記に長沼、芥川を中立と記録しています。

代議士に復帰していた武藤金吉は四十年の赤城館事件の時のように、中立派議員を実力で奪取することを主張しましたが、高津、根岸峼太郎は県の取り締まりと実業派の警戒とにより成功する可能性が低いと反対し、中立派県会議員の選挙参謀を誘惑して議員に働きかけさせることを主張しました。政友、非政友両派の工作がともに成功せず、県会役員選挙の見込みが立たないために両派が

欠席して県会の流会が続く異常な事態が生じました。

選挙直後の九月二十七日、高津は佐波郡選出の長沼宗雄に働きかけて、政友会寄りの中立派を組織することを依頼しました。中立派議員三人に長沼が加わり、政友派と提携すれば政友会が多数を占めることになると、長沼に接触したのです。二十九日に前橋の料理店で再度会見し、長沼が中立の立場を維持しながらも、県会役員選挙で政友会の幹部の指示に従って投票することを高津が依頼しました。それに対して長沼は自分を県会名誉職参事会員とすること、報酬として一〇〇円提供することを要求しました。高津は直ちにこれを承諾して翌日一〇〇円を贈賄し、長沼は他の中立派議員と会見して共同して中立派に加わることを高津に誓約しました。これで中立派議員が四人となり、それを含めて政友派が十八人に対して、非政友が十七人となると高津は観察しました。

三十日に群馬県知事が高津に両派の妥協に尽力することを求めましたが、高津は政友会が多数を占める見込みがたったのでそれに応じました。しかし、長沼が態度を急変して非政友派に転じ、十月五日から行方をくらましたため、政友会は県会開会に応じることはできなくなり、知事、警務部長から妥協を督促され、七日には警務部長から両派の代表が呼ばれて、県会役員選挙について違反のないように異例の注意を受けました。長沼が非政友に加担すれば政友会が県会役員選挙で勝つことは不可能であると判断して、十月九日、高津仲次郎は、県会議員の長沼宗雄へ贈賄した事実を検事正に自宅で訴え、翌十日に前橋地方裁判所へ自首し、長沼も拘引されました。長沼と心中して政友会に県会役員選挙を勝たせるために高津が起こした破天荒な事件です。

長沼拘引を契機として県の強い介入により十月十四日、県会役員選挙について政友会は代議士根岸峼太郎・武藤金吉と県会議員黒田孝蔵、非政友派は代議士須藤嘉吉・細野次郎・中島祐八と県会議員星野源左衛門を代表として、「県会議長と参事会員四人は非政友派から選出する、副議長と参事会員二人は政友会から選出する」ということで妥協が成立しました。

県会役員選挙について事前の調整の段階で贈収賄事件が発生したのに、それについての追及もなく、県会紛糾の解決も県会議員以外が参加する議会外の談合であらかじめ決定してしまうという、現在からみれば非民主的な方法を県当局も勧め、両派もそれに従ったのです。

選挙から二十二日も経過した十月十五日、県会役員選挙が行われ、仮議長の指名により非政友の芥川辰次郎が議長に選出され、芥川議長の指名で、副議長に政友会の後藤文平、参事会員に非政友四人、政友会二人と前日の妥協のとおり決定しました。

しかし、その後の県会は芥川議長のもとで非政友派が運営し、前議会の県会議長であった高津は「県会非政友派、知事ト結託シ突如議事日程ヲ変更シ、夜ニ入リ教育費一次会、二次会ヲ開キ頗ル暴横ヲ極ム」と、政友会議員との融和をはかろうとせずに、強引に運営することに憤慨しています。

十一月十五日、贈収賄事件につき前橋地方裁判所で、高津仲次郎は懲役二か月、長沼宗雄は懲役六か月の判決があり、十六日に両者ともに控訴しました。
抹殺してしまいたいと思われるような投獄といういまわしい事実を高津は、日記に投獄から裁判に至るまでの行動を詳細に記録し、さらに関係する新聞記事などを貼りつけ、客観的にこの事件の経過を伝えています。判決文は自筆で記録しています。

判　決

高津仲次郎
長沼宗雄

右賄賂被告事件ニ付、当裁判所ハ検事出口元久干与審理ヲ遂ゲ判決スルコト左ノ如シ

主　文

被告仲次郎ヲ懲役二月ニ処ス、被告宗雄ヲ懲役六月ニ処シ金百円ヲ追徴ス、押収物件ハ各差出人ニ還付ス

理　由

群馬県会ニ於ケル政派ハ予テ政友、実業ノ二派ニ岐レ互ニ相対峙セル所、明治四十四年九月二十五日、県会議員ノ総選挙々行セラル、ヤ、各自中立議員ヲ勧誘シテ自派ニ引入レ、議員総数三十五名ノ内共ニ十七名ヲ数フルニ至リ、其優劣一ニ無所属議員被告宗雄ノ向背如何ニ繫ルコ

ト、ナリタルヨリ、政友会群馬支部常任幹事タル被告高津仲次郎ハ、専ラ同人勧誘ノ任ニ当リ馬場安吉ヲ介シ、同年九月二十七日宗雄ノ居村大字上渕名村内山楼ニ於テ宗雄ト会見ノ結果、同月二十九日再ビ前橋市紺屋町寿々木楼ニ於テ会見シ、安吉ト共ニ議長、参事会員等役員選挙ニ関シ政友派ト同一行動ノ下ニ、幹部ノ意ノ如ク投票セラレンコトヲ懇請シタルニ、宗雄ハ自己ヲ参事会員トナシ、加フルニ金百円ヲ贈与セバ請託ヲ容ルベキ旨ヲ申出タルヨリ、仲次郎ハ刻下ノ形勢ニ顧ミ之レヲ承諾シ、翌三十日午前十時頃寿々木楼ニ於テ金百円ヲ宗雄ニ贈賄シ、宗雄ハ之レヲ収受シナガラ他ノ勧誘ニ従ヒ、其態度ヲ急変シ実業派ニ投ジタルモノナリ

被告仲次郎ハ事発覚前、如上ノ顚末ヲ当地方裁判所検事ニ自首シ、被告宗雄ハ其収受シタル賄賂ノ一部ヲ費用シ、他ハ所持ノ金員ト混同シテ彼此判別ノ由ナキニ至ラシメタルモノトス…

法ニ照スニ被告仲次郎ノ行為ハ、刑法第百九十八条第一項ニ該リ懲役刑ヲ選択シ処断スベク、被告宗雄ノ行為ハ同法第百九十七条第一項前刑ヲ適用処断スベク、尚被告宗雄ノ収受シタル賄賂ハ没収スル事能ハザルニ至リタルヲ以テ、同条第二項後刑ニ依リ之レヲ追徴スベク、押収物件ハ刑事訴訟法第二百二条ニヨリ、各差出人ニ還付スベキモノトス、依テ主文ノ如ク判決シタリ

明治四十四年十一月十五日

前橋地方裁判所刑事部

裁判長　判事　渡辺　一郎（後略）

十二月十日、政友会群馬支部は評議員会を開きましたが、係争中の高津仲次郎を常任幹事のひとりに選出しました。

明治四十五年一月二十日、高津仲次郎は上京して政友会大会に出席しています。

二月二十六日、高津仲次郎は贈収賄事件の控訴が棄却され、三月一日に刑の執行を通知され、四日に前橋で政友と別杯を挙げてから雪の降るなかを前橋監獄へ入りました。

三月四日　早朝出橋、住吉屋ニテ諸政友ト別杯ヲ挙ゲ、午后一時裁判所ニ到リ入監ノ命令ヲ待ツ、此日朝来雨フル、午后ヨリ俄カニ雪フル、四時頃巡査ニ護送セラレ腕車ニテ監獄ニ到ル、直チニ獄衣ト着換ヘ第八号分房ニ入ル、之レヨリ千二百号ノ番号ヲ以テ姓名ニ換ヘ称呼セラル、此夜余寒酷烈骨ニ透リ安眠スル能ハズ、衣服ハ単襦袢、袷、綿入、単股引、袷股引、足袋等ヲ給セラル

三月十一日　足袋及単股引ヲ引キ上ゲラル、三月中ハ一ケ月一回理髪セシガ、四月ヨリ三周一回宛理髪スルコトトナレリ、剃髯、入浴ハ各日曜日トス

三月二十一日　彼岸中日ニ当ルヲ以テ、祖先ノ回向ヲ願ヒ出ルモノハ之レヲ許可シ、教誨師読経ヲナシ焼香ヲ行ハシム、余ハ亡父ノ為メニ回向ヲ営ム

二十四日　泉通寺峯岸氏来訪（獄則ニヨレバ二ケ月一回ノ外面会ヲ許サヾル規定ナレドモ特ニ許可セラレタリ）、根岸、日向、池田ノ三氏ガ屢来訪セシハ、多野、佐波両郡ノ同志者及政友会支部ニ於テ、余ヲ衆議院議員候補者ニ推薦セントシテ、交渉ノ必要アリシガ為メナリ、数回交渉ノ結果余ハ候補者ヲ辞退シタリ（四月二十八日政友会支部侯補者推薦会ヲ前橋柳座ニ開キ、高崎市ハ土谷全次、郡部ハ日向輝武、武藤金吉、根岸峸太郎ノ三氏ヲ推薦セリ）

五月三日　午后十二時出獄ノ通知ニ接シ出獄ス

獄中雑記、典獄ハ上田、教誨師ハ山崎某、担当看守ハ乗附某、夜勤看守ハ樋口某、戸塚某ナリ

○入獄ノ際ハ朝六時起床、夜八時就寝、五月一日ヨリ午前五時半起床、夜八時半就寝セリ
○毎朝冷水摩擦ヲ行ヒ腹式呼吸ヲナス、夜就寝前五分間合掌、瞑目シテ黙禱ヲナス
○日々経木真田ヲ編ミ労役ニ服ス
○大祭日ハ終日休業
○毎日三十分間運動ヲナス
○飯ハ一回一合三勺ニシテ入監ノ際ハ尽ク食了セザリシガ、十数日ノ後ハ却テ不足ヲ感ジタリ、菜代ハ一日一銭五リ以内ニシテ、飯ト合セテ一日平均八銭以内ニテ足ルト云フ、斯ク

食料廉ナレドモ其調理宜シキヲ得、農家中等ノ生活ニ劣ラズ

五月四日　夜帰宅、五日ヨリ選挙界ニ馳駆ス

二度目の投獄ですが、最初は食べきれなかった食事も十数日後には食べ尽くすだけでなく不足を感じるまでになったと記していますので、獄中生活に慣れてきたようです。

高津の入獄中、根岸峆太郎、日向輝武、池田光之丞らが見舞いに来訪し、高津を衆議院議員候補者に推薦する交渉をしました。政友会勢力を拡大するために自らを犠牲にしたことが政友会闘士として評価されたのです。しかし、高津は辞退しましたので、四月二十八日に政友会支部は衆議院議員候補者として前橋市は未定、高崎市は土谷全次、郡部は日向輝武、根岸峆太郎、武藤金吉を推薦することに決定しました。

二か月の刑期を終え、五月三日に高津仲次郎は出獄しました。新聞は「群馬政界の傑物高津仲次郎」出獄と好意的に報道しています。日向輝武、根岸峆太郎、葉住利蔵、木暮武太夫、後藤文平、狩野定次郎ら多数が出迎えました。高津は出獄した翌々日から衆議院議員選挙運動に奔走しました。

五月十五日、第十一回衆議院議員選挙が実施され、前橋市では政友会の竹越与三郎、高崎市では中央倶楽部の矢島八郎、郡部では政友会の武藤金吉、根岸峆太郎、日向輝武、葉住利蔵、中央倶楽部の須藤嘉吉、無所属の細野次郎が当選し、政友会は土谷全次、斎藤寿雄が敗れた以外は推薦した

候補者が全員当選し、定員八人中五人と多数を占めました。

政党拡大政策

高津仲次郎は政党政治をもっともふさわしい近代の政治形態と認識し、その実現をはかって活動を続けました。明治末年の官僚閥の桂太郎と政友会の西園寺公望が交替で内閣を組織した桂園《けいえん》時代に政党が官僚閥と交替で政権を担当するようになり、さらに大正政変以後政党政治が憲政の常道といわれ、高津らが自由民権運動以来希望していた政治形態が実現したことになります。その時期における地方名望家の活動を具体的に検討してみましょう。

大正二年（一九一三）十月の『高津仲次郎日記』に次の記事があります。

二十五日　武藤、葉住両代議士ト共ニ大芝知事ニ会見、本年県会ニ提出スベキ学校整理問題（富岡、沼田中学、碓氷蚕糸学校、吾妻農学校廃止）ニ就キ協議ス、葉住ハ極力反対シ延期ヲ望ム、知事ハ交換問題トシテ葉住、星野、今井、岡田、入沢等ヲ政友会ニ入会セシメ、整理案ヲ延期スベキ事ヲ提議ス、葉住ハ明日迄延期ヲ請フテ散会ス

二十六日　葉住、根岸、今井、星野、岡田、入沢等ハ、目下塩原温泉ニ入浴中ノ原敬氏ヲ訪ヒ、政友会入会ノ紹介ヲ乞ヒ入会ス

二十七日　右一行帰橋ス、学校整理問題ハ延期トナリ、勢多農林学佼ヲ県費支弁トシ提案スルコトニ決ス

二十六日　勢多郡選出県会議員北爪、金沢ノ二氏ト竪《タツ》町白井屋ニテ会見シ、勢多農林学校ヲ県費支弁トナスコトヲ条件トシ、政友会ニ入会セシム

二十九日　上京、政友会本部ニ於テ武藤氏ト会見シ、大芝知事ヲ旅舘ニ訪ヒ、同夜原敬氏宅ニ相会シ、奥田文部大臣ヲ支部大会及青年会聯合大会ニ出席ヲ求ムルコトヲ議ス

三十日　知事ハ文相ニ会見シ承諾ヲ得タリ

十一月一日「十一月」(頭注)　出橋、支部評議員会ニ臨ム、葉住、今井、星野、岡田、入沢ノ入会ヲ報告シ支部大会ノ準備ニ付協議ス

群馬県会が開かれる直前に、衆議院議員の葉住利蔵、武藤金吉と政友会群馬支部幹部の高津仲次郎が、大正二年六月に赴任したばかりの大芝惣吉《おおしばそうきち》知事に会見して十一月に開会する県会に提案する議案について協議しています。

大芝惣吉は山梨県出身の古くからの自由党・政友会員で、明治二十三年、和仏法律学校を卒業後、代言人・弁護士を開業しましたが、二十七年に弘前区裁判所判事に任用され、さらに各地の裁判所検事などを歴任し、四十一年に佐賀県警察部長、富山県警察部長、福島県内務部長を経て、大

正二年六月一日、群馬県知事に任命されました。

群馬県財政は、大きな被害を出した明治四十三年の利根川水系大洪水の復旧や同年の一府十四県連合共進会などによる負担増加のため厳しい状態が続きました。県の歳出決算額は明治四十四年度の四〇八万円から大正元年度は一七四万円と一気に半分以下の四十三％に急減しました。大正二年度も一七二万円と前年度同様の歳出規模でしたので、大芝知事は緊縮財政を実現するために富岡中学校、沼田中学校、碓氷蚕糸学校、吾妻農業学校の県立学校四校の廃止を提案する意向を持っていました。廃校についての知事の意向は大正二年十月に新聞報道されましたが、これに反対の葉住代議士が中心となって武藤、高津とともに知事に会見したのです。大芝知事はあっさりと葉住の提案を受け入れて学校整理問題を県会に提出することを引っ込めます。その交換条件として衆議院議員の葉住利蔵、根岸峒太郎、県会議長の星野源左衛門、県会議員で名誉職参事会員の今井今助、岡田又八、入沢園吉等の政友会入党という意想外の提案をしました。

葉住、根岸はもとは政友会員でしたが、大正政変の過程で政友会を脱会していたのです。その発端は群馬県選出の政友会所属代議士の日向輝武が大正二年二月三日、政友会本部から除名されたことです。桂太郎内閣に対抗するため、政友会が長年争っていた国民党と妥協して提携したことに日向が反対したことが表面的な理由ですが、桂内閣の大浦兼武内務大臣に買収された嫌疑でした。政友会幹部の原敬は「日向輝武は官僚に通じて軟説を流布するに付政友会より除名したり」と二月三日の日記に書き留めています（『原敬日記』第五巻）。翌四日に政友会員十人余が日向の無実を幹部に訴えましたが、逆に「煽動」したと政友会幹部に判断されて除名されてしまいました。これに対して、群馬支部から葉住・根岸両代議士が日向買収は事実無根と抗議し除名取り消しを要求しましたが、容れられず、幹部と衝突して根岸・葉住は政友会を脱会してしまいました。高津も日向代議士除名取り消しを請求しましたが受け入れられませんでした。

このように大正政変の過程で政友会群馬支部が動揺している時に、古くからの政友会員の大芝惣吉が県知事に赴任したのです。大芝知事とすると動揺している政友会支部を再建することが政治的な優先課題であると認識し、葉住、根岸の復党を求めたのです。さらに県会議長をはじめ四人の県会議員の入党を求めたのです。そのために県知事が県会へ提出する議案を政友会支部再建の駆け引き材料に使ったのです。

さすがに葉住らは即答を避けましたが、翌日に了解し、栃木県塩原温泉に来遊していた政友会幹部の原敬を訪れて入会を申し込んでいます。

政友会に入会したことを確認して大芝知事は学校整理問題を県会に提出しないことを決定します。県会議長の星野源左衛門は「政友会入党の理由」というパンフレットを作成して支持者に配布し、さらに『上毛新聞』紙上にも発表して次のように弁明しています。

日清、日露戦争後県財政が膨張し、その財政整理が急務であるが、小党分立では不可能である。「節制あり統一ある政党に依り県政の方針を確立し、以て興国の世運に随伴せんことを志し」、政友会に依拠して、県内勢力が団結して県是を確立し一定の方針をもって県政を運営することが、県民の福利増進になると信じて同志とともに入党した。政治を実行するには多数を制することが必要であると、記しています。

国会に多数を占め、政権政党である政友会に頼ることが県政に利益があると星野は判断したのであり、県政に政党化がいちだんと浸透したことを表していますが、最近の政権党から立候補する候補者の議論と似通っていることに驚きます。

学校整理議案の提出見送りとともに、勢多郡立であった農林学校を群馬県立に昇格することを大芝知事が提案します。これも政友会拡大のためです。これを条件として勢多郡選出の県会議員北爪勝三郎、金沢卓郎が政友会に入会することになったのです。さらに、吾妻郡選出の木暮茂八郎、邑楽郡選出の川島太一郎も政友会に入党したといいます。

閥族打破・憲政擁護を訴えた大正政変により憲政の常道が確立したと評価されます。国会とその議員を中心とする政党の意向を無視しては国政を推進することができなくなり、政党が国政をになう政党政治が「憲政の常道」と認識されたのです。大正政変は民衆騒擾を背景に政党が官僚と対決・交渉しながら桂太郎内閣を打倒し、政友会を与党とする山本権兵衛内閣を誕生させたのです。

その結果任命された政党員群馬県知事は政党勢力の拡大を自らの政治目的として、政治の一貫性を無視し、県民のかかえている政治課題の解決よりも政友会支部再建を優先させたのです。政党政治誕生の段階からその体制を維持するために政党勢力拡大を優先する政党政治のあやうさを露呈したのです。当然その過程は民衆の伺い知ることのできない密室での駆け引きに終始し、その情報を公開することはありません。結果についての情報は公文書や新聞報道等に記録されますが、機微に属する情報は当事者の記憶に残るだけで、記録化されることはほとんどありません。偶然当事者である高津仲次郎の私文書である日記に記録されていたので、公文書等と照合することによりこの事実が浮かびあがったのです。公文書と私文書との相関を示すもので、近代史料学のうえからも恰好の事例を提供しています。

同じ政権政党に所属する高津仲次郎は政党知事に接触し、地域振興を実現するためにその立場を活用したのです。

大正デモクラシーと政党

衆議院議員細野次郎が大正二年五月一日に病気で辞職したので、次点だった中島祐八が繰り上げ当選しました。中島は細野次郎の支持を得るために細野の要求に従い、国民党を脱党して細野の所属していた亦楽会《えきらくかい》に加入しています。大正デモクラシーを支えた代議士の政党所属は主義主張ではなく、複雑な人間関係によって決定されたのです。

ところが、繰り上げ当選したばかりの中島祐八が半年後の十一月十四日に病死してしまいます。そのため衆議院議員補欠選挙が行われることになり、その候補者選びが行われました。政友会内閣のもとで、県知事も政友会員であるので政友会有利の条件は整っています。十一月二十日、北甘楽郡有志会が前回立候補して落選した斎藤寿雄を推薦しましたが、斎藤が固辞しましたので、二十二日の政友会群馬支部評議員会で高津仲次郎推薦に変わり、今度は高津が立候補を承諾しました。長沼宗雄抱き合い心中事件以来、二年ぶりの政界復帰です。

十二月一日、大正デモクラシーの高まりのなかで衆議院議員補欠選挙が実施され、高津は政友会公認候補として一万一二四九票を獲得し、非政友派の町田孝五郎の九八三票を大幅に上まわって当選し、十五年ぶりに代議士に復帰しました。

十二月二十四日、第三十一議会が召集され、高津仲次郎は代議士として出席しました。群馬県選出議員八人のうち、武藤金吉・根岸峴太郎・日向輝武・葉住利蔵・高津仲次郎の五人が立憲政友会所属です。

大正政変後政権を担当した山本権兵衛内閣は二〇八人の多数の政友会を与党とし、立憲同志会九十三人、国民党四十人、中正会三十七人を野党として、議会に臨みました。

第二講でお話ししましたように、第三十一議会では高津仲次郎が他の七人とともに「上越鉄道建設ニ関スル建議案」を提出し、東京と北越を最短距離で結ぶ上越線は軍事上経済上不可欠の路線であるので、高崎・長岡間を速やかに敷設することを求め、地域開発に尽力しています。

しかし、大正三年一月三十日、ドイツのシーメンス兵器会社員の不正事件が摘発され、日本海軍将校への贈賄が報道されると、政治問題に発展し海軍出身の山本首相の責任が追及されました。与党政友会が多数を占める衆議院に提出された内閣弾劾案は否決されましたが、世論の攻撃は厳しく、衆議院で可決した予算案を貴族院が否決したため、大正三年三月二十四日に山本内閣は総辞職しました。

その後任に官僚閥の清浦奎吾が選ばれましたが、世論の批判を受け、清浦は組閣を断念しました。大正政変を経過した後は政党と関係なく内閣を組織することは困難であったことを示しています。次いで、清浦に代わって大隈重信が推薦され、立憲同志会を基礎として四月十六日に第二次大隈内閣が成立しました。立憲同志会、国民党、中正会を与党として組閣し、政友会は野党の立場に立つことになったのです。

組閣直後の四月二十八日、大隈内閣は七県知事の休職、十八府県知事の更迭と大規模な地方官の異動を行っています。群馬県知事も大芝惣吉から三宅源之助に替わりました。

六月二十日、第三十三臨時議会が召集され、高津仲次郎も出席しました。議会召集直前の六月十八日に政友会は臨時大会を開催し、西園寺公望の辞任後空席になっていた政友会総裁に原敬を選出しました。

七月二十八日、第一次世界大戦が始まり、八月二十三日、わが国はドイツに宣戦布告し、第一次世界大戦に加わりました。

九月三日、第三十四臨時議会が召集され、第一次世界大戦に伴う軍事費の追加予算案を審議しました。群馬県の基幹産業である蚕糸業は第一次世界大戦の開始に伴い、輸出が途絶して打撃を受けましたので、蚕糸業に関係ある政友会所属代議士が集会し、蚕糸業救済策を相談し、高津も出席しています。その相談の結果、六日に武藤金吉ら二十八人が「蚕糸業救済ニ関スル建議案」を提出し、政府に低利金融を求めています。

十二月五日、第三十五議会が召集されると、政府は中国の領土保全のために増師は不可欠であると、大正政変のきっかけとなった陸軍二個師団の増師を提案しました。十月末から増師に反対している絶対多数を擁する政友会の切り崩しを、農商務大臣大浦兼武が中心となって運動を開始していたのです。しかし、政友会は増師に反対して否決しました。

これに対して第一次世界大戦中であるのに、陸軍二個師団増設に反対した政友会は、国防の充実を国家大計の急務とする考えに反するとして、白川友一、板倉中、高津仲次郎、根岸峭太郎、日向輝武らが政友会を脱党しました。高津はすぐに復党しましたが、政友会総裁原敬は議会開催直前の十二月三日には「政府は買収を始め…大浦農相之が指揮をなし居れり…板倉（中）は二十万円を請求…大浦は買収七名は確かなり、都合よければ二十名を得べし」と日記に記録し、政府、特に大浦兼武農商務大臣が政友会の切り崩しをはかって議員買収をしている情報を得ていました。

政友会は政府に買収された白川友一らを除名しましたが、その後も増師案に賛成の議員が脱党しました。しかし、脱党者のなかには増師案だけでなくそれ以外の政府提出議案すべてに賛成しなければ衆議院を解散すると威嚇され、政府の誠意のない態度に憤って復党を申し出た者もいたといいます。大隈内閣は議会で多数を占める政友会勢力を削減するために、衆議院解散を決めていたのです。大隈首相は十二月二十五日、政府提案の予算案を政友会の反対で否決すると、衆議院を解散し、大正四年一月、農商務大臣大浦兼武を内務大臣に任命して選挙対策をしました。大浦は第二回総選挙で品川弥二郎内務大臣のもとで内務省警保局長として選挙干渉を行った経験があり、その後警視総監から大臣にまでなったのですから、大隈首相は大浦内相に当然選挙干渉を期待したのです。なお、議会解散中の四年一月に大隈首相は悪名高い対華二十一か条要求を中国政府に提出しています。

大正四年一月二十五日に政友会群馬支部は評議員会を開き、同党所属の前議員再選を決議しました。しかし、政友会を脱党して政友倶楽部に所属した日向輝武が立候補を宣言し、選挙運動を開始しました。三十一日に、多野郡選出の県会議員、郡会議長らが上京して日向に面会して立候補断念を勧告しました。二月二日には高津仲次郎も交えて日向と会見し立候補断念を勧告しましたが、日向は拒絶しました。十六日に藤岡町で多野郡有志会を開き、政友会所属の高津仲次郎を満場一致で候補者に推薦しました。高津の後継者の地位を得て選挙地盤を受け継いだ日向と、衆議院議員に返り咲いた高津とが争うことになってしまったのです。

非政友派は三年十二月に大隈伯後援会群馬支部発会式を挙行し、大正政変で活躍した尾崎行雄法相が来橋して選挙運動を展開しました。実業倶楽部が前橋市で非政友大会を開き、前橋から大隈首相の甥で養子となった大隈信常《のぶつね》、高崎市から矢島八郎、郡部から本間三郎と政友会を脱党した日向輝武の三人を立候補させることを発表し、立憲同志会・大隈伯後援会と協力して運動を進めました。

政友会は三月二日に群馬支部総会を前橋市で開き、前橋市竹越与三郎、郡部葉住利蔵・武藤金吉・高津仲次郎・斉藤寿雄の五人を公認候補として発表し、各候補者と政友会本部から水野錬太郎・床次竹二郎らが出席して政見発表演説会を開きました。両派ともに充分な準備のうえ選挙戦に臨んでいます。しかし、首相が人気のあった大隈重信であったこと、増師問題で政友会を脱退した根岸峭太郎が中立、日向輝武が実業倶楽部から立候補したことは、政友会にとっては不利でした。

三月二十五日の第十二回の総選挙の結果は、立憲同志会一五三人、中正会三十三人、大隈伯後援会十二人、計一九八人と与党が多数を占め、野党は政友会一〇八人、国民党二十七人、計一三五人に転落しました。大隈首相の目論見は的中したのです。

群馬県市部は大隈信常、矢島八郎が当選し、郡部は定員六人を九人で争い、政友会は郡部の武藤金吉、葉住利蔵の二人が当選しただけで、非政友の本間三郎、須藤嘉吉、根岸峭太郎、小林丑三郎の四人が当選しました。日向輝武一七九二票、高津二〇三六票を得票しましたが、二人とも落選したのです。多野郡の票を日向に奪われたのが高津の敗因であり、同じ多野郡を地盤として選挙運動を続けた日向と高津が争って共倒れになってしまったのです。

高津は永年の同志であった三俣素平とも選挙区が同一であったために、明治二十三年、二十五年の衆議院議員選挙戦で激しく争うことにより不和になり、今度は同様に日向と不和になったのです。

大浦内務大臣を中心とする選挙干渉は、石川県と並んで前橋市がもっとも激しかったといわれます。「巡査其他の官吏に選挙干渉の為め選挙法違反者を生じたる次第にて…前橋市にても大隈信常は大多数にて竹越与三郎に打勝たり、両市とも我党候補者は前日迄は優勢なりしなり…選挙間際に至りて政府より其与党に送りたるは通例一人五千円にて、地方によりては更に多額を送りたるものゝ如し、又投票を買収したるは三円乃至五円を通例となし、前橋、金沢の如きは数十円に上りたりと聞く」と、政友会総裁原敬は日記に記録して、大隈内閣の買収による選挙干渉を非難しています。

大浦事件

大正四年五月十七日、第三十六臨時議会が召集されました。選挙で圧勝した大隈内閣は懸案の陸軍二個師団増師案を提案して可決しています。

総選挙後、選挙干渉が各地で問題とされ、石川県では選挙無効、愛媛県では候補者が大浦内相に贈賄したとして告発されています。なかでも大浦内相の政治生命を奪い、高津仲次郎も逮捕されることになったのが香川県での贈収賄事件です。

衆議院議員選挙に際して大浦内相が対立候補に圧力をかけて立候補を断念させ、香川県丸亀市から当選した白川友一が、その謝礼一万円を大浦に贈ったことから贈収賄事件が発覚しました。さらに取り調べると、その直前の第三十五議会で大隈内閣による政友会切り崩しの実態が明らかになってきました。大浦が白川に贈賄し、その資金で白川が板倉中ら政友会議員を買収し、政友会を脱党させたことが明るみに出ました。大浦の選挙干渉を調査する過程で第三十五議会での議員工作に収賄があったことが明らかになり、大事件に発展したのです。

大隈内閣が増師案を提案すると政友会は反対を決議しましたが、増師案を可決させるために政友会代議士を買収することを大浦と衆議院書記官長の林田亀太郎が相談し、機密費を大浦から林田に渡し、林田が香川県選出の代議士の白川友一と増田穣三に渡し、二代議士が板倉中、日向輝武、高津仲次郎らを買収して増師案に賛成させたのです。しかし、この多数派工作は失敗し、増師案は否決されましたので、大隈首相は衆議院を解散し、選挙の結果多数を占めた与党により増師案を可決したのです。裁判は白川の居住地の高松地方裁判所が担当することになりましたので、大浦事件とも高松事件とも称されました。

野党となった政友会は白川に対する贈収賄を官紀紊乱であると追及し、内相弾劾決議案を提出しましたが、否決されてしまいました。さらに政友会の総務委員であった村野常右衛門が大浦内相を収賄の罪で五月二十五日に告発しました。この結果、大浦内相が行った衆議院議員買収が暴露され、世論の非難を受け、政府弾劾案が衆議院に提出されました。

世論の攻撃を受けた大浦兼武内務大臣が収賄事件嫌疑により辞表を七月に提出しました。大浦を起訴してその処分を司法の手にゆだねるべきとの世論に対して、尾崎行雄司法大臣は、証拠不充分および事件は議案の通過をはかるもので私利私欲によるものでなく、さらに大浦が謹慎しており再犯のおそれがないとして起訴猶予処分としました。主要閣僚が起訴されれば大隈内閣は総辞職せざるを得ない。それを防ぐために大浦が辞職し爵位を返上し政界隠退をすることで、事件の中心人物の社会的制裁が終わったと、大正デモクラシーを象徴する尾崎行雄が政治的決着を付けたのです。その結果、大浦事件は前議員を含めて衆議院議員十七人と衆議院書記官長らが被告となる大きな裁判になりましたが、贈賄の中心人物がいない変則的な裁判が行われることになってしまいました。

六月二十七日、日向輝武が板倉中らとともに東京地方裁判所に召喚され、日向、板倉はそのまま拘留されました。二十八日に高津の自宅が捜索され、二十九日に高津も東京地方裁判所へ召喚され、取り調べを受けました。

高津仲次郎は九月二日、高松地方裁判所に召喚され、四日に高松に到着し、五日から高松監獄に収監され、二十一日に保釈が許可されるまで予審取り調べを受け、十五日に予審が決定し、二十四日に帰宅しました。

九月二十二日に予審が決定し林田、四代議士、十三前代議士ら十九人全員が有罪とされました。高津、日向は収賄罪、根岸は贈賄罪および収賄罪でした。政友会を脱会して増師案に賛成する報酬として、白川を通して日向輝武は一九〇〇円、根岸嵎太郎は一五〇〇円、高津仲次郎は二五〇〇円を収賄したが、高津は政友会復党後根岸を通して全額を返却したという内容でした。板倉中の証言によれば、高津が返却したのは収賄を不正と認識したからではなく「タッタ二五〇〇円の端金では駄目だと突き返したのでしょう」(『大阪毎日新聞』大正五年三月二十五日)と、金額に不満だったと観察されています。

大正五年三月二十二日に高松地方裁判所で第一審が開始されました。高津らは公判の前後に栗林公園、金比羅神社を遊覧したりして緊張感はなかったようです。事件の中心人物の大浦が不起訴となることにより高津らも緩やかな処分になることが予想されたのでしょう。

五年五月十五日に求刑があり、二十二日まで弁論が行われ、二十四日に帰宅しました。六月五日に第一審判決が高松地方裁判所でありましたが、高津は養蚕中のためでしょうか、「事故アリ欠席」と高松へ行きませんでした。次の判決文によると、高津仲次郎は懲役二か月、根岸嵎太郎は懲役三か月、ともに執行猶予三年、追徴金二五〇〇円でした。

日向輝武は病気のため公判を分離され、再起することはできず大正七年五月に死去しました。

大正三年十二月五日、第三十五回帝国議会召集セラレ、政府ハ衆議院ニ二個師団増設ニ関スル案ヲ提出シタリ、当時衆議院ニ於テ議員ノ多数ヲ擁スル政友会ハ其初メ、右二個師団増設ニ関スル政府案ニ対スル態度ヲ鮮明ニセザリシモ、同会員中有力ナル一派ハ政友会所属ノ議員ヲシテ衆議院ニ於テ該案ニ反対シ、之ヲ否決セシメ以テ政府ニ肉薄セント画策シツツアリタリ、政府ハ之ニ対シ若シ該案否決セラルルトキハ、直チニ衆議院ノ解散ヲ奏請セントスル形勢ナルコト一般ニ流布セラレタリ、此時ニ方リ政友会所属ノ議員中増師意見ヲ抱懐スル者及衆議院ノ解散ヲ欲セザル者等ハ、右一派ノ行動ニ慊ラズ、就中被告〔白川…引用者注、以下同〕友一・〔増田〕穣三及〔板倉〕中等ハ本来増師意見ヲ懐クノミナラズ、二個師団増設ニ関スル政府案ニ反対シ、衆議院ノ解散ヲ招クノ政友会ニ取リ甚ダ不利ナルコトヲ信ズルガ故ニ、盛ニ増師論ヲ鼓吹シ同志相響応シ大ニ右一派ニ対シ、反対ノ行動ヲ執リツツアリタリ、当時農商務大臣ノ職ニ在リタル大浦兼武ハ此形勢ヲ察知シ…前記政友会所属ノ不平議員ニ金円ヲ与ヘ由テ以テ同議員ヲシテ二個師団増設ニ関スル政府案ニ賛成セシメント欲シ…

被告〔板倉〕中ハ同月〔大正三年十二月〕二十四日、前記藤村ニ於テ衆議院議員タル日向輝武ヲシテ、衆議院ニ於テ二個師団増設ニ関スル政府案ニ賛成スベキコトヲ約セシメタル上、同人

ニ対シ其報酬トシテ二回ニ金壱千九百円ヲ供与シタリ
被告〔板倉〕中ハ、同月二十一、二日頃、被告〔高津〕仲次郎ヲシテ政友会ヲ脱党セシメ、衆議院ニ於テ二個師団増設ニ関スル政府案ニ賛成スベキコトヲ約セシメタル上、之ガ報酬トシテ同被告ハ金円ヲ供与セント企テ之ヲ被告〔根岸〕峼太郎ニ告ゲ、同被告ガ其衝ニ当ルベキコトヲ謀リタルニ、同被告ハ之ヲ諾シ被告〔高津〕仲次郎ヲ誘ヒテ同市京橋区新肴町大和館ニ赴キ、同所ニ於テ被告〔高津〕仲次郎ニ対シ、同被告ガ政友会ヲ脱党シ、衆議院ニ於テ二個師団増設ニ関スル政府案ニ賛成スベキコトヲ慫慂シ、其報酬トシテ金弐千五百円ヲ与フベキコトヲ語リタル所被告〔高津〕仲次郎ハ之ヲ承諾シタルヨリ、被告〔根岸〕峼太郎ハ、同月二十三日被告〔板倉〕中ヨリ被告〔高津〕仲次郎ニ与フベキ金弐千五百円ヲ受取リ、同市神田区元岩井町岩井旅館ニ於テ、前記報酬トシテ之ヲ被告〔高津〕仲次郎ニ供与シ、〔高津〕仲次郎ハ之ヲ収受シタリ、然ルニ、〔高津〕仲次郎ハ其後政友会ニ復党スルコトトナリタルヨリ、同月二十四日前掲金弐千五百円ヲ被告〔根岸〕峼太郎ニ返還シタリ、茲ニ於テ被告〔根岸〕峼太郎ハ同日之ヲ携ヘテ前記藤村ニ到リ、之ヲ被告〔板倉〕中ニ返還セントシタル所、被告〔板倉〕中ハ被告〔根岸〕峼太郎ガ被告〔板倉〕中ノ希望スル所ニ副ヒ、衆議院ニ於テ二個師団増設ニ関スル政府案ヲ賛成スベキコトヲ予テ知レルヨリ、其報酬ノ意味ヲ以テ該金円ヲ被告〔根岸〕峼太郎ニ与ヘンコトヲ提言シタルニ、被告〔根岸〕峠太郎ハ其意ヲ了シ之ヲ収受シタリ、然ルニ、其後被告〔板倉〕中ハ被告〔白川〕友一ニ金円ヲ返還セザルベカラザルニ至リシヨリ、被告〔根岸〕峠太郎ハ被告〔板倉〕中ノ窮状ヲ察シ、同月二十六日右金弐千五百円ノ内、金壱千円ヲ被告〔板倉〕中ニ返還シ、残金壱千五百円ハ之ヲ費消シタリ

高津仲次郎はこの判決を不当として六月九日に控訴しました。

大正五年九月十八日から大阪控訴院で控訴審が始まり、白川、高津、根岸、板倉ら八人が出廷し二十二日まで尋問が行われました。十月三日から十日まで大阪でふたたび公判が行われ、論告求刑、弁護が行われましたが、宿泊した旅館の従業員に疑似コレラ患者が発生し、休廷して高津らは隔離され診断を受けましたが、病菌は発見されなかったので公判を再開しました。

十月三十日に大阪控訴院の判決があり、高津は控訴を棄却されましたが、これにも高津は欠席しました。高津、根岸らは判決は不当であると、不服の上告書を大阪控訴院へ郵送しました。

六年二月十三日に大審院の公判があり、三月三十日上告棄却の言い渡しがあり、広島控訴院に差し戻され、六月二十九、三十日に公判が開かれました。高津はこれには出席しましたが、広島から帰宅した後の七月二十日に自宅を出発して二十一日に富士登山をしています。七月二十七日に広島控訴院で控訴棄却の判決があり、さらに大審院に上告し、十二月二十五日に棄却され刑が確定しま

した。三年かかって決着したのです。大正天皇即位大礼の特赦が司法大臣尾崎行雄から高津に言い渡され、懲役二か月は免除されました。七年一月に高崎区裁判所から二五〇〇円の追徴金納付の通知があったので、高津は出頭して保釈金一五〇円を追徴金の一部に納付することを検事に依頼していました。十一年になり追徴金納付を免除されました。結局高津は大浦事件で一五〇円を納付しただけで済ませました。

政治家と金の問題が表面化しはじめたのは、明治三十一年に成立した第二次山県有朋内閣の頃からといわれます。地租増徴に自由党・改進党ともに「民力休養」を主張して反対しましたが、軍備拡張の財源を確保するために必要とされ、国会開設以来の懸案であった地租増徴案を通過させるために、山県内閣がさかんに議員収賄を行ってから、議員が利権を求める風潮が始まったと、政友会総裁原敬は観察しています。

明治四十二年には輸入原料砂糖戻税法の期限延長や砂糖官営法の国会通過をはかるために、日本製糖会社が代議士二十四人を買収した日糖事件がありました。企業による国会工作のための贈賄事件です。政策決定権を持つ権力者に贈賄して利権を得ることは古くから行われてきました。維新期から政商と権力者との癒着はありましたが、政党が収賄するということはありませんでした。自由党や改進党の時代には主義主張を明確にし、政策決定権を持つ政府に対立するばかりで、政治的権限は小さく、贈賄しても利権をもたらす力はありません。政党への資金援助はありましたが、主義主張に賛成するか、個人的に援助するものでした。しかし、明治憲法体制が確立し、協賛機関と規定された議会を無視しては政治運営が難しくなることが分かるようになると、山県内閣のように政府自体が議員を買収するようになったのです。さらに、財界が利益を求めて法案を決定する権限を持つ衆議院議員に贈賄したのです。

大正政変により大正デモクラシーが幕を開け、政党政治が確立しますが、大正政変直後に成立した大隈内閣の主要閣僚である内務大臣が衆議院書記官長と結託して、議会工作のために機密費を流用して議員買収をしたのです。政党政治と贈収賄は切り離しがたく結びついているのでしょうか。いずれにしろ、高津仲次郎は事件の中心人物が政界隠退を条件に免責されましたので、懲役二か月の判決を受けましたが、恩赦により取り消され、追徴金も最終的には免除され、司法の断罪はうやむやのうちに終わりました。しかし、政治活動を展開することは困難になり、地元の問題に限定して活動せざるを得なくなってしまいました。高津仲次郎は大正後期から元衆議院議員、政友会支部幹部の経歴を活用して、地方名望家として地域振興に尽力するのです。

口利き政治

名望家は地域振興をはかるために政策決定の権限を持つ官僚に接触し、名望家の期待する政策実施を要望します。官僚は政策の一貫性を保持し、また、国全体の利益を優先しますから、地域の利益を優先する名望家の要望をすべて受け入れることは不可能です。また、その権限を維持するために情報を徹底的に管理し、すべての情報を公開することはありません。そこで名望家はさまざまなルートで官僚に働きかけ、情報を獲得して地域振興に有利な政策実施を迫ります。姻戚関係とか趣味などの個人的な人間関係を結んだ中央名望家から、官僚に圧力をかけてもらうこともあります。高津仲次郎の場合は民権運動以来培ってきた人間関係に頼ります。地域的な利害から各地の名望家の対立が生まれる場合もあります。その時にはそれぞれの地域の名望家との調整が必要になります。また、いくつかの地域の利害が一致する場合は名望家が団結して政府に迫る場合もあります。

そうして地域振興の施策が実施されることにより、地方名望家はそれぞれの地域社会で高く評価され、地域政治を主導することができるのです。中央名望家とのパイプが多ければ多いほど、強ければ強いほど地方名望家は地域社会での政治的主導権を確立することができるのです。個人的なルートは偶然の要素が強く働きますが、地方名望家と中央名望家を結びつける合理的なシステムとして政党があります。中央名望家が期待する政策を政府に実施させるために政党を大きくし、あるいは自ら政権を掌握することを望み、地方名望家は地域社会振興の施策実現を官僚に働きかけるために政党を利用しようとします。支持する政党が政権政党となることにより、施策実現の可能性がさらに高くなります。地方名望家は、意思を反映させるのに有効な政治形態として政党政治の実現をめざしました。地方名望家は中央名望家の指示に従って受動的に政党に加盟したのではなく、自らの判断で主体的に政党を選択しているのです。自由党、政友会に所属した高津仲次郎は、政友会を強化し、政権を握ることができる政党にすることが有効であると、運動を展開しています。政党政治の実現に努め、実現後はその強化をはかりました。地方名望家が国政への参加を希求し、政党政治確立を目指した自由民権運動期から、三十年間の経験により地域社会の発展を政党に期待するように変化してきたのです。

その事例を多野郡神川村の村営水力発電所の認可をめぐる動向でみてみましょう。神川村は利根川支流の神流川の上流にある村で、大正十五年に万場《まんば》町、平成十五年に神流《かんな》町になりました。

群馬県では町村営発電事業がさかんでした。明治四十一年に電気事業を開始した群馬郡伊香保町を最初とし、利根郡川場《かわば》村、池田村、吾妻郡原町、勢多郡粕川村、山田郡福岡村などで小規模に展開しています。東京電灯会社や東京電力会社などの大企業のサービスを受けられない地域で、自治体内だけに電力を供給しています。零細規模な発電事業ですが、勝手に起業することはできず、許認可は大企業と同様に必要です。零細なだけに官庁の恣意的な判断が加えやすかったのです。

神川村の村営電気は四十五キロワットを供給し、村内に一六四〇灯が点灯しました。

同じく高津の日記のうち大正十年九月三日には次の記事があります。

〔八月〕二十四日　出橋、大芝知事ヲ官邸ニ訪ヒ神川村電気村営ニ関スル起債申請認可ノ件ヲ懇請シ、知事ノ承諾ヲ得タリ…

二十五日　多野郡衙ニテ宮前右太郎氏ト会見ス、神川村水力電気村営ニ付起債認可進捗ヲ当局者ニ請求スルノ件ナリ、本件ニ関シ九月二日ヲ期シ神川村ニ到リ有志者ニ会見

覚書

大正十年九月二日三日神川村会議員、同区長、仝村営電気委員外有志大会ヲ公会堂ニ開催シ、高津仲次郎、岩城善郎両氏ノ斡旋ニ依リ協議決定シタル条項左ノ如シ

一神川村条例ヲ設定シ助役ヲ二名トナスコト
但シ助役ノ銓衡ハ高津、岩城両氏ニ一任スルコト

二神川村営電気事業経営ニ関シ新タニ役場内ニ電気課ヲ設ケ、新任助役ニ其事務ヲ分掌セシム
但電気課ニ必要ナル書記ノ任免ハ電気課分掌助役ニ承認ヲ求ムルコト

三従来ノ電気委員十一名ニ対シ更ニ村会ノ決議ヲ以テ七名選挙増員スルコト

但委員ノ銓衡ハ高津、岩城両氏ニ一任スルコト
後来各自誠意ヲ以テ本条項ヲ履行スベク覚書三通ヲ作製シ黒沢広雄氏、新井五八氏、調停高津仲次郎氏記名調印ノ上各自一通宛ヲ所持スルモノナリ
　　大正十年九月三日
　　　　　　　　　　　　高津仲次郎、黒沢広雄、新井五八

神川村営で水力発電事業を計画しましたが、県庁の許可がなかなか下りないので県庁にも顔の利く高津に早期許可が下りるように神川村有志が依頼したのです。

大正七年の米騒動をきっかけにして政友会総裁の原敬が本格的な政党内閣を組織していましたが、政友会内閣成立に伴い群馬県知事には政友会員の大芝惣吉を任命しました。大芝は二度目の群馬県知事拝命です。前回には群馬県会議長をはじめとする県会議員や代議士を学校整理問題などをてこに県知事の権限を利用して政友会に入会させましたが、今度も同様に政友会勢力拡大をはかります。群馬県民の知事ではなく政友会のための知事だと、非政友会県会議員から批判されています。

大正十年五月十三日に神川村で村民大会が開かれました。大正デモクラシーの風潮の影響を受けて重要なことを名望家だけが密室で決めることを嫌い、民衆が直接意思表示をする場として県民大会、村民大会が各地で開かれますが、神川村でも村民大会を開いたのです。議題は村営電気事業

で、その促成を期することを決議しました。村民大会で陳情委員に選出された神川村有志と高津仲次郎とが多野郡長に面会し、その決議の内容を陳情しました。同時に村長宮前右太郎《みやまえうたろう》が電気事業につき不親切なことを訴えています。高津と多野郡選出県会議員の岩城善郎《いわきぜんろう》がその直前に電気事業について村会議員を中心とした村民有志と協議していますので、政友会系の村議が電気事業を計画しましたが、非政友会の村長が積極的ではなかったので、高津・岩城に依頼したのでしょう。六月二十八日に宮前らと高津が会見し、政友会知事の許可を得て電気事業を促進するために村長、村会議員の政友会入会を勧めました。

　七月十三日になり高津の提案を受け入れて宮前村長らが政友会へ入会し、高津に電気事業促進を依頼しました。十四日に神川村村議と高津、多野郡選出の政友会県会議員江原文作が会見し、政友会入会を契機に村議有志と村長との提携を勧めましたが、村議は提携を拒絶し村長の辞職を要求しました。翌十五日、高津が宮前を居村近くの新町に呼びだして協議した結果、適当の時期に宮前は辞任すること、神川村に超党派の団体を組織すること、電気事業に関する委員会を設置することを高津が提案し、宮前村長がそれを承諾し、電気事業のための起債認可申請書を速やかに群馬県庁が認可すること、早期に電気事業工事に着工できる体制をとることなどを高津に依頼しました。即日、高津は県庁へ行き、大芝知事に報告しましたが、知事は非政友であった宮前村長在職中は認可しないことを断言しています。政友会勢力拡大を何にもまして優先する知事の恣意的判断が電気事業認可の基準となっていたのです。それを誰も止めることができなかったのです。

一か月後の八月二十四日に神川村から依頼を受けた高津が大芝知事を県庁にふたたび訪問して、懇談した結果、村営電気事業のための起債認可の内諾を受けました。村長らの政友会入会、村長の早期辞職の確約、政友会村議の強い要望、仲介した高津の努力に対する評価などを加味して知事が判断したのでしょう。翌日、その旨を高津が早速宮前村長に報告をしています。さらに九月二日に神川村有志と会見して先ほどの覚書を締結させたのです。神川村条例を制定して助役を二人とし、役場内に電気課を設けて助役のうち一人が所管して村営電気事業を担当すること、さらに村内有力者から電気委員七人を増員することを決め、助役および電気委員の選考は高津と岩城善郎に一任したのです。さすがに覚書には村長辞職の件は触れていませんが、それを前提にして覚書作成に至ったのでしょう。

神川村の有志が高津に全面的に依存して電気事業を推進したのは、宮前村長が政友会員ではなく、政友会員の大芝知事の認可を得る見通しを持てなかったためです。そこで大芝知事の信頼が厚い高津に調整を依頼したのです。その代償は村長をはじめとする村有志の政友会入会です。これも現在からみると奇妙な提案です。県民全体の公共的利益を優先するはずの群馬県知事が、政党の利益を優先して電気事業についての認可権を乱用したのです。歪曲された政党政治の実態を示しています。政党政治が永続せずに昭和期になると既成政党批判が高まり、結局ファシズムへの流れを止めることができなかった政党の弱さの淵源は、この辺にあったと思います。特に政権を握った政友会が地方長官の人事権を掌握し、その結果任命された政友会知事が政党勢力の拡大を志向しましたが、県民全体の利益、公共性を無視し、知事の権限を乱用して政党の利益を露骨に優先したために、政友会だけでなく政党そのものの存在が県民から批判されることになってしまったのです。政党政治がもっとも充実した時期にすでにその弱点を露呈していたのです。

高津仲次郎は地域社会の利益を実現するために、村の有力者の意向と県知事の政治的思惑を仲介し、政党勢力拡大のために政治的権力を振るう県知事の政略を尊重しながら、それによって地域振興の実現に努めたのです。県知事の露骨な政党拡大策、それを受け入れて神川村有志の政友会入会、それによってやっと下りた電力事業の認可の事実は、いくら当時でも公開できる情報ではありません。そのために、高津仲次郎の政治的調整の手法は密室での隠微な取引になります。それに反発して、神川村民が村民大会を開いて広く地域社会に情報の公開をはかったことは、大正デモクラシーの風潮が浸透したことを示しています。しかし、政治的な決着は知事が高津に内諾を伝え、高津が村長と村議とにそれを伝えながら協議して決定しており、相変わらず有力者の密室での談合で結論を出しているのです。明文化した覚書を作成したことにもデモクラシーの影響がみられるようですが、三通を作成するだけで村民には知らせませんでした。

高津仲次郎は同じ政友会員である大芝知事の政党勢力の拡大策に協力することにより、地域振興のために村営電気事業の実現に尽力したのです。政治権力を地域社会のために利用するしたたかさを持っていたのです。だからこそ高津は明治十七年（一八八四）から昭和三年（一九二八）まで、断続的ではありましたが県会議員・衆議院議員に当選し続けたように、地域社会での支持を獲得しつづけることができたのです。

衆議院議員復帰

大正十三年（一八二四）十二月二十四日、護憲三派連立加藤高明内閣が提出した普通選挙法案が治安維持法とともに可決されました。待望の普通選挙が実現することになったのです。昭和三年に最初の普通選挙による衆議院議員選挙が実施され、高津仲次郎は当選し、四度目の衆議院議員の議席を獲得したのです。

その要因のひとつに子どもの高津渡《わたる》の存在があります。

高津渡は明治三十三年（一九〇〇）一月五日に生まれ、東京帝国大学在学中から社会主義運動に活躍し、「群馬県青年共産党事件」に連座して検挙され、大正十五年（一九二六）に二十六歳の若さで病死した俊才です。

高津渡の中学生時代の日記が保管されており、次のとおり父親を観察しています。

若し俺の父上に今少し才子ハダの所があったなら屹度今頃は立派な位置を勝ち得たであらう、世の中がそう云ふ風に出来てゐるからだ

大正七年二月十日に、高津渡が通う藤岡中学校で生徒が校長と対立して辞職を要求するストライキをし、学校側は十六日に首謀者生徒十六人を無期停学から七日間停学までに処分しました。高津渡は十二日間停学処分を受けました。高津仲次郎が仲裁に入り、父兄とともに県知事あての嘆願書を提出して収拾し、高津渡は二番の成績で学術優等で賞品を授与されて卒業しました。九月十一日に第一高等学校に入学し、十年三月三十日、東京帝国大学に合格しました。早稲田大学生を中心とする建設者同盟に加わり、社会主義運動を展開しました。

十一年八月に高津渡は岩鼻火薬庫技手で農民運動を指導していた藤田悟と知り合い、慶応大学生の川村恒一らとともに燎原会《りょうげんかい》という文化団体を作り回覧雑誌を発行し、十二年一月には高崎で文芸講演会を開きました。さらに燎原会を改組して社会主義の主張を青年に宣伝する新しい団体を結成することにし、名称は群馬青年自由連盟や群馬青年思想研究会、群馬青年共産党などの案が出さ

れましたが、決定できなかったといいます。回覧雑誌『反逆者』を発行し、また「勝利への道」というパンフレットを印刷して会員に配布しています。高津渡は後の公判でこの組織は思想研究団体であり、秘密結社の革命組織ではないと主張しています。

七月十三日から十七日まで、日本農民組合関東同盟が高崎市の常仙寺で農民夏期大学講習会を開きました。高崎出身で東京帝国大学助教授の政治学者蠟山政道《ろうやままさみち》、同じく東京帝国大学教授の労働法学者の末広《すえひろ》厳《いず》太郎《たろう》、日本労働総同盟会長の鈴木文治らが講師となっています。高津仲次郎は渡からの情報によるものでしょう、五日間、毎日傍聴しました。この夏期大学開催に高津渡らが協力し、最終日に日本共産党の北原龍雄、日本共産青年同盟の河合義虎《よしとら》らと、市内のそば屋で秘密集会を開き、北原らが「無産階級と政治運動」などを講演しました。関東大震災の起こった九月一日に高津渡らは山田郡大間々町で思想問題講演会を開催し、高津、浅沼稲次郎らが演説しました。大震災の翌日の二日にも伊勢崎で国際無産青年デーを開きました。

高津渡（高津和子氏蔵）

関東大震災の混乱時に朝鮮人とともに社会主義者の検挙が行われ、九月六日に高津渡らが東京で検挙され、藤田悟がふるさとの富山県で検挙され、家宅捜索の結果ダイナマイト（実際は模型）とともにパンフレットなどが発見され、「群馬青年共産党事件」と名付けられて弾圧されました。

高津仲次郎は十二日に関東大震災後交通機関が切断しているなかを、自動車で上京し、巣鴨警察署で渡に面会を求めましたが許可されませんでした。十三日に高津渡は前橋警察署へ護送され、十六日に前橋地方裁判所で取り調べを受け、十七日に前橋刑務所に収監され、高津仲次郎宅が家宅捜索されました。

十三年一月九日、高津仲次郎の妻トリが病気重態となり、裁判所が渡の一時帰宅と面会を認め、渡が弁護士と巡査の付き添いで午後二時半に帰宅し、四時半までトリに面会しました。ところが二月二十六日に渡は肋膜炎を発病し、重態となったので二十八日に保釈が許され、帰宅後は病床に臥し、三月三日には肺炎を併発し、看護婦を付けて看病させましたが、容態がさらに悪化しましたので二十日に前橋の赤十字病院へ入院しました。高津仲次郎は二十三日、二十五日、二十七日、三十一日、四月二日、八日、十四日、十七日、五月二十日と妻トリの看病と衆議院議員選挙運動をしながら前橋まで出かけて渡を見舞っています。妻トリの容態が悪化し、五月二十九日に死去しました。同日に密葬し、正式な葬儀を十月二十九日に執行しました。

その後も渡は入院を続けています。高津仲次郎は十月二十五日に上京して、池袋の建設社に宿泊し、妻の葬儀後の十一月六日にも建設社を訪問しています。政友会群馬支部幹部が社会主義団体の建設社に宿泊し、渡と同年輩の社会主義青年たちと何を語りあったのでしょうか。興味がありますが日記にも記録はありません。

十三年十月、「群馬青年共産党事件」について前橋地方裁判所で十人に対して禁錮刑、執行猶予三年の判決が出されましたが、上告し十四年八月に東京控訴院判決、十二月に大審院で上告が棄却され、四人が服役しました。しかし、前橋赤十字病院に入院し、公判を分離されていた高津渡は十五年二月九日、死去しました。享年二十六歳でした。高津仲次郎は日記に「渡、病気急変ノ通知アリ、急遽渡ヲ訪フ、高津八郎、高津勇モ渡ノ病ヲ見舞フ、同日午后八時五十分死去」、十日「午前十時死体ヲ屍室ニ移ス、午後一時前橋教会堀江牧師ヲ招キ聖書朗読及祈禱ヲ乞ヒ納棺シ、前橋火葬所ニ於テ火葬ヲ行フ」、十一日「朝、遺骨ヲ拾ヒ自動車ニテ午前十時半帰宅」と自慢の子どもを喪った思いを秘して、淡々と記しています。

高津仲次郎は既成政党の幹部であるとともに、弾圧によって無実の罪に問われ病死した若き社会主義者の父親としても知られるようになったのです。高津仲次郎が社会主義者になったことはありません。子どもの主張する社会主義に関心はあり、本拠地である建設社に泊まり込んだり、講演会に出席して理解に努めてはいたようです。

十五年一月二十八日に憲政会の加藤高明首相が病死しましたので、若槻礼次郎が後任の首相に選ばれ、内務大臣を兼任して全閣僚が留任する若槻内閣を組織しました。

昭和二年四月に金融恐慌が起こり、収拾できなかった若槻内閣は、総辞職しました。その後任に政友会総裁田中義一が選ばれ、大蔵大臣高橋是清、内務大臣鈴木喜三郎ら政友会員を中心とする内閣が成立しました。高津の九歳年少で旧知の武藤金吉が内務政務次官に任命されました。田中内閣はモラトリアムを発動して金融恐慌を鎮めました。

昭和二年六月一日、憲政会と政友本党は合同して立憲民政党を結成し、浜口雄幸を総裁に選出しました。

九月二十五日、はじめての普通選挙による県会議員選挙が実施されました。普通選挙といっても女性は有権者から除外されています。有権者数は十万一三五八人から二十二万〇三二六人へと倍増し、県民人口の十九・七%が選挙権を与えられました。当選者数は政友会十七人、民政党十八人、日本農民党一人、中立一人と二大政党がほぼ拮抗する結果でした。普通選挙になっても予想されたより無産政党議員は少なく、二大政党が大半を占めました。しかも日本農民党に所属した畑桃作《はたももさく》は選挙後に政友会に入党してしまいました。

十二月二十四日、第五十四議会が召集され、多数を占めた民政党が内閣不信任決議案を提出する直前の昭和三年一月、田中首相は衆議院を解散しました。はじめて普通選挙による総選挙を実施することが決定していたので、政友会総裁田中義一は「普選第一回の総選挙に際し全国民に告ぐ」を公表して、野党民政党の内閣不信任案上程を批判して、普通選挙の重大性を指摘し産業立国の政友会の政策を訴え公正厳格な判断を求めました。さらに総裁の演説をレコードに吹き込み全国に配布していきます。従来の名望家を中心とする選挙と異なり、遊説などにより多数の有権者に政友会の政策を直接訴えることを重視し、また新たに選挙権を得た労働者、農民の階級意識の高まりに対応して社会問題に関心を示したのです。

この選挙から中選挙区制に改められ、群馬県では勢多・利根・佐波・新田・山田・邑楽郡と前橋・桐生市の第一区、群馬・多野・北甘楽・碓氷・吾妻郡と高崎市の二区とし、定員は第一区五人、第二区四人とされました。合計九人は前回と同数です。

衆議院解散後、普通選挙を意識して予想される立候補者がさまざまに報道されました。無産政党に所属する須永好《すながこう》、畑桃作などとともに、高津仲次郎もそのなかにいました。高津渡の父親として無産政党支持者にも人気があり、また古くからの政党員ですから名望家にも人気があることを見込まれて公認されたのですが、すでに七十二歳となり、最年長です。政友会群馬支部は一月末に第一区に武藤金吉、青木精一、第二区に木暮武太夫の現職議員と高津仲次郎を公認候補としました。

昭和三年二月五日、立候補を決意した高津は高崎市の高盛座《こうせいざ》で政見発表演説会を開き、選挙運動を展開しました。選挙直前の第二区の予想では政友会の木暮武太夫、民政党の木檜三四郎が優勢であり、残りの二議席を民政党の井元常作、最上政三、日本農民党の畑桃作と政友会の高津の四人が大差なく争っていると報道されました。高津の勢力を挽回するために根岸峨太郎ら政友会の元老が「昔取った杵柄を扼《やく》して十二分に手を廻して」(『上毛新聞』昭和三年二月十五日)選挙運動をしたといいます。伝統的な名望家を中心とした運動を展開したのです。

群馬県知事が内務省へ選挙直前に提供した情報には「特ニ奮闘ヲ要スヘキ候補者」として、高津仲次郎が紹介されています。

政友派公認候補高津仲次郎ハ同派非公認山田平太郎立候補セシ為メ大ナル打撃ヲ蒙リ極メテ困難ナル情勢ナリ、併シ今至急資金ノ充実ヲ得且ツ特別ナル援助アラハ或ハ当選圏内ニ入ルヘキカト思料セラル(『帝国議会衆議院議事速記録』五十一)

前回の大正十三年に実施された総選挙で、高津が選挙委員長になって応援した山田平太郎が政友派非公認として立候補したために、高津仲次郎の当選が危うくなったが、資金を補充して選挙運動をさかんにすれば当選圏内に入れるという露骨な報告です。根岸らの「十二分に手を廻し」た運動は具体的には選挙直前の饗応、買収でしょう。

二月二十日、第十六回衆議院議員選挙が実施され、政友会が二一七人、民政党が二一六人と拮抗し、そのほか無産政党八人、実業同志会四人などが当選し、衆議院議員選挙でも予想されたほどは無産政党所属議員は多くはありませんでした。

第一区は、政友会の武藤金吉、青木精一、民政党の武藤七郎、飯塚春太郎、清水留三郎が当選しました。

第二区では、民政党の木檜三四郎、井本常作、政友会の木暮武太夫とともに高津仲次郎が一万三九四一票を獲得して第二位で当選しました。

当選した高津仲次郎は「老骨にむちうち普選最初の晴の舞台に与へられたる役目をはたしたい」と上毛新聞記者に次のように答えています（『上毛新聞』昭和三年二月二十三日）。

返り咲きの高津仲次郎翁をその事務所に訪ふと、七十何歳とは思はれぬ元気で語る「もとより自分は出馬する意志はなかったのであるが、第二区から木暮君の外にもう一人立てねばならぬがどうだとの交渉があったが、私は老軀その任でないので一応辞退し他に適当の人を推薦したいと進言したが、結局北甘方面の山田君等の諒解を得たのでと支部幹部の推輓切なるものあったので老軀をひっさげて敢然出たわけであって、その後の政情戦況、その他に就てはいろ々々感想もありまた言ひたいこともあるが、まあ々々その辺は君等の想像に任せるとして此の際老人としては、普選最初の試験に及第したことを光栄とし清き一票を投ぜられたる各位に多大の感謝の意を表すると共に、老骨にむちうって大衆参政の一人として選ばれたる期待に添ひたい。普選最初の晴れの舞台に与へられたる役目を完全に果したいと思ってゐる」云々。

また次のようにも報道されています。「曽て河野広中氏等と共に北海道遊説をやった当時、北海の天地に放浪の武藤氏が副大臣の高位に、当時自由党の闘士としてならした自分が一陣笠として日比谷原頭に老軀を進めるのは堪まらないことだと思ったであらふ。推薦された時、氏は全くこれを辞退したのを見ても大体以上の心根を推察することが出来るわけである」（『上毛新聞』二月二十八日）と、「自由党の闘士としてならした」高津が今さら陣笠として活動することを望まず出馬意志がなかったが、武藤金吉ら支部幹部に説得されてやむをえず立候補したことを報道しています。

四月二十日、第五十五特別議会が召集された直後に、内務次官に任命された武藤金吉が死去してしまいました。

四月二十五日、高津仲次郎、木暮武太夫らは長野県南佐久郡中込町《なかごみ》（現佐久市）から群馬県磯部駅までの「磯部中込間鉄道促成ニ関スル建議案」を衆議院に提出しています。

そのほか、木暮武太夫らが「上信鉄道建設促成ニ関スル建議案」、「温泉ノ調査研究機関設置ニ関スル建議案」、木檜三四郎が「渋川長野原間鉄道促成ニ関スル建議案」を提出しました。地域振興のための政策実現を党派を超えて要求しています。

高津仲次郎の死去と顕彰

昭和三年十二月十九日、高津仲次郎が死去しました。第五十六議会が十二月二十四日に召集されましたが、出席することはできませんでした。

高津代議士遂に逝く　療養も看護もその効なく多野郡小野村の自邸に於いて…

本県第二区選出代議士高津仲次郎氏は去る十一月十七日突然尿毒症から倒れ、爾来多野郡小野村大字中島の自邸に於て療養中であったが、既に幾度か危篤を伝えられ乍ら奇跡的に小康を保ってゐたが、今暁（十九日）午前三時四十五分に至って脳溢血を併発して遂に逝去した。氏は明治二十三年国会開設第一回の代議士に選ばれた人で、自由党以来の政客として現に政友会本県支部総務の位置にあった。享年七十二歳。…

政治結社の本県の創始者　廃娼県の基礎を作った上毛政客の唯一人者

独り政友会の元老と云ふばかりでなく気骨を以て鳴った自由党以来の政客として、その生涯を変転極まりなき政界渦巻の中に一貫以て終始し上毛政界唯一人の生字引であった代議士高津仲次郎氏は、遂に逝いた。曩に武藤金吉代議士を失ひ、上毛の政界寂寥々たる両氏の物故は一層その感を深めるものとなった。

氏は多野郡小野村の出身、十六、七歳の青少年時代から政治に興味を有し、明治十二年県会が開設されるや、官選県議となり続いて県議に当選すること前後四回、この間議長の要職に就いたことあり、且つ又有名な廃娼運動の急先鋒となって湯浅治郎、柵島周七郎、斎藤寿雄、野村藤太、宮口二郎、中島祐八、星野耕作等上毛政界の先駆者と共に大活躍を為し、その目的を達せし、今日全国に冠絶した廃娼県の基礎を作った。

更にこの間板垣退助氏に依って愛国社が創立されるや、疾早くその傘下に馳せ参じ自由民権の旗幟をふりかざして国会開設請願の運動に南船北馬した。伊賀我何人、宮部襄、長坂八郎、新井啓五郎、関壬生（ママ）雄等何れも同志であった。斯くして地方政界から中央政界に乗り出すべくその一線に立った氏は、三俣素平氏等と共に明己（巳カ）会の名称の下に政治結社を組織し、茲に於て上毛の天地に政治結社の濫觴を為した。而して明治二十三年国会が開設され、同年七月一日第一回の衆議院選挙が行はれ、新井毫、竹井懿貞、木暮武太夫（先代）、湯浅次郎（治カ）の諸氏と共に最初の代議士に当選した。

最初の代議士に当選した氏は二十五年二月十五日に執行された第二回の選挙戦では中島祐八氏

と戦ひ僅の差で落選し、明治三十一年三月十五日第五回の総選挙で再び代議士に当選した。…本年二月二十日執行された普選最初の総選挙に引張り出され、三回目の代議士として返り花を咲かせたのであった。…さあれ、自由民権の主張成って最初の代議士となった氏が、自由民権の具体化とも称すべく普選最初の代議士に当選したことは、政治家の信条である主義主張の中に生きて来たものとして故人の以って瞑目するところであらふ。氏又漢学詩文をよくし晩香と号し上毛文化の上に貢献すること尠くなかった。(『上毛新聞』十二月二十日)。

県議当選回数の誤りや、明治十二年の「官選県議」当選、大正二年の衆議院議員当選を書き落とすなど重要な間違いがありますが、現職の衆議院議員として詳細に紹介しています。この記事の後に都木《たかぎ》重五郎《じゅうごろう》県会議長などの追憶談を掲載しています。都木重五郎はそのなかで、「党の顧問として政友会の為めに尽された事は非常なもので大小如何なる会合でも党の会合と云へば必ず出席して欠かした事なく何かと尽力してくれた」と、政友会に尽力したことを回顧するとともに、「町村の事に就いては如何なる事でも頼まれれば嫌と云った事のない人で、屢県へ出頭するので世の誤解を受くる程に町村の事には熱心で尽力された人である。」と、政友会と地域社会のことを大事にしたことを指摘しているのは、高津仲次郎の生活をよく知る政友会支部幹部の証言として信頼できるでしょう。

高津仲次郎死後の第二区の衆議院議員選挙では、木檜三四郎、井本常作、木暮武太夫、最上政三、畑桃作が激戦して交代で当選していますが、高津の地盤であった多野郡からの当選者は出ませんでした。高津は日向輝武、池田光之丞らを後継者と期待しましたが育てることはできなかったのです。

高津仲次郎翁碑

昭和十二年十二月十九日、高津仲次郎の法要の際、有志が顕彰碑建設を計画しましたが、戦争が激しくなり中断しました。戦後になりふたたび建設計画が復活し、高さ三五九センチメートルの粘板岩製の「高津仲次郎翁碑」が三十六年十月に建設されました。裏面に衆議院議員、運輸大臣の木暮武太夫が「教育の振興、交通の発達、地方産業の発展に貢献せる翁の偉大なる功績は炳として青史を照すべし」と高津仲次郎を顕彰しています。

まとめに入ります。

高津仲次郎は明治十七年四月に群馬県会議員に当選以来、二十一年二月、二十五年三月、二十九年三月、府県制施行に伴って実施された三十年四月の選挙まで連続当選し、三十二年には北海道に行っていましたので立候補しませんでしたが、その後三十六年九月、四十年九月に連続当選し、合計七回当選して四十四年まで務め、二十七年・二十九年と四十年の三度県会議長に選出されています。

さらに代議士には次のとおり四度当選しています。

明治23年7月1日　第1回衆議院議員選挙、当選（33歳）。
31年3月15日　第5回衆議院議員選挙、当選（41歳）。
大正2年12月1日　第11回（補欠選）衆議院議員選挙、当選（57歳）。
昭和3年2月20日　第16回衆議院議員、最初の普通選挙で当選（72歳）。

明治十七年から昭和三年まで四十五年間にわたって自由党・政友会に所属する政党政治家として活躍し、地域振興に尽力しました。その間には明るい話ばかりではなく、明治二十年二月二十九日（秘密集会嫌疑）、四十五年三月四日（長沼宗雄抱き合い心中事件）、大正四年九月五日（大浦事件）と、三度入獄しています。

自由民権運動後半から運動に参加し、桂園時代、大正デモクラシー期から、ファシズム期直前まで活躍した、高津仲次郎の生涯そのものが近代の地方政治を象徴しているように思います。

高津仲次郎の追い求めた理想的な政治とは何だったのでしょうか。

第一構でお話ししましたように高津がまだ十歳であった明治維新について、晩年に回顧していますが、それによりますと上州を支配した岩鼻知県事大音龍太郎は、有能な人材であった小栗上野介忠順を殺害し、百姓一揆を鎮圧するために一般民衆を圧迫し、「人切り龍太郎」と恐れられたとしています。高津の自宅から見える烏川の川原で「毎日幾人となく僕の家の直ぐ対岸にあたる岩鼻河原でチョキン々々と首を斬られる有様を目撃」したことが強烈な印象として残ったようです。高津仲次郎のみた明治維新は明るい夜明けではなく、専制的な権力の歯止めの利かない怖さを見せつけられたのです。この権力の怖さを維新の混乱期だけではなく高津の生きた近代日本の政治に見続けたようです。

自由民権運動の初期には高津は政治運動には積極的に関わりませんでした。学習結社である明巳会を三俣素平らと設立して、欧米の政治理論を学習していました。さらに上京して大石正巳や堀口昇らの民権家に直接教えを乞い、東京専修学校・東京専門学校に入学しています。地域社会に英学校や上毛青年会を設立して多くの仲間を結集して学習活動を展開しました。この学習の中で専制的官僚政治を改革するために国政への参加を希求するようになります。ただし、国政へ参加するのは一般民衆ではなく、高津らの名望家が民衆の意向を汲みながら参加するので充分であると考えたようです。その具体的手段として議会があり、議会を構成する政党の重要性を学びます。

国会開設が決まり松方デフレ政策の影響で景気が悪くなり、民権運動では激化事件が起こり、自由党が解散して運動が衰退した明治十七年に、高津仲次郎ははじめて群馬県会議員に当選し、群馬県庁の官僚政治と対決しますが、強大な権力を持つ官僚勢力と対決するには、議会勢力が合同しなければ有効ではないことを痛感します。高津仲次郎は官僚と対決し、政治的経験を積むなかで官僚を利用するようにはなりますが、終生官僚にはならずに在野の政党政治家を貫きます。

民権勢力が自由党、改進党に分裂していましたが、高津は常にその合同を主張しています。専制的な官僚勢力の強さ、怖さを実感しているからこそ、それを有効に規制するには弱体の民権勢力が合同しなければならないことを主張したのです。彼我の力関係を冷静に見極めることができたのです。いいたいことをいうだけでは何も変わりはしない。政治を変えるためには民権勢力のなかのさまざまな主張を調整し、合同の可能性を追求することが必要だと認識していました。

高津仲次郎が中央の政治運動に参加するのは大同団結運動からです。高津自身も保安条例により東京を追放されますが、群馬県内でも要注意人物としてマークされ、英学校の維持について相談しているところを秘密集会だとして逮捕され、七日間も拘留されてしまいます。これが高津の第一回の入獄ですが、理不尽に国民の活動の自由を奪うことができる強大な政治権力を肌身で感じたことでしょう。強大な権力と対決するためには民権派の合同が不可欠と大同倶楽部と大同協和会の分裂に反対し、両者の合同を主張し続けています。

さらに大同団結運動で高津は中央の政治運動と連携しながら地方の政治運動を展開します。中央の政治運動と地方の政治運動との関係については大まかに分類すると、次の三つに分けられます。

①中央勢力と連携して地方の政治的課題を解決する。そのためには中央の政治課題も担当せざるをえない。

②中央勢力と断絶して地方の課題解決を重視する。これは当然中央の政争から地方の運動を隔離することを志向します。地方政治に限定することを主張した中島祐八や、上毛同志会に結集した県会議員などの主張です。

③地方の政治運動には重きを置かずにもっぱら中央の政治運動に焦点を合わせます。中央政府の改革を要求する自由民権運動全体がこの傾向を持ち、大同団結運動時の群馬県では中央の政治運動に傾斜した新井毫や大同協和会に結集した長坂八郎などが代表的な人物です。

高津は①を選びます。中央政府から県知事が派遣され、地方自治が確立していない政治形態のなかで、地方の政治課題を解決するには地方の民権勢力だけでは不充分です。政策の決定権を持つ中央政府の官僚に働きかけて、政策を変更しない限りは地方の政治課題も解決できないからです。そうした地方政治の実状のなかで、中央で活躍した民権運動家は中央政治の改革を優先し、地方の課題を取り上げることはあまりできませんでした。これに対して地方の殻に閉じこもって閉鎖的な政治世界のなかで問題の解決をはかる勢力も意外に大きかったのです。

条約改正問題に取り組むなかで上毛倶楽部、上毛政社、上毛民会と組織を改革していますが、高津は一貫して中央の政治運動に呼応して県内の民党勢力を結集して条約改正反対建白書の提出を柔軟に追求します。

群馬県内の民党勢力を合同して上毛倶楽部を組織し、反対意見はとりあえず棚上げして一致できる建白書として高津仲次郎・宮口二郎・関農夫雄の連名で「言論出版ノ自由ヲ得ルノ建白書」を元老院に明治二十年十二月に提出しました。

群馬県会の限られた権限を維持するために官僚と対決していたから言論出版の自由を要求することでは意見の一致が可能だったのです。中央の運動に呼応して条約改正問題を取り上げることには異論がありましたので、とりあえず棚上げしたのです。この運動をさらに盛り上げるために上毛政社を組織して、二十一年九月に大同団結運動の中核的存在であった後藤象二郎を前橋に招いて演説会を成功させました。さらに、上毛民会を組織して条約改正問題を取り上げることにしましたが、中央の運動と連動することには反対が多く、結局群馬県の民党勢力が上毛民会、上毛同志会、群馬公議会、大同協和会に分裂してしまいます。反対意見が多く実現しなかった条約改正中止の建白書を、純化した上毛民会が二十二年八月に元老院へ提出しました。この運動についてだけは県内の政治勢力の分裂もやむを得ないとしたのは、中央の民権運動の中で発言権を得るためには条約改正反対の行動をとることが不可欠と判断したのです。この一連の動向の中心に高津仲次郎がいたのです。

高津仲次郎は居村の中島村を中心とする地域社会のこまごまとした課題の解決に尽力することから出発しました。明治二十二年に高津の不正容疑を追及されたことに対する反論に、高津が当時取り組んでいた課題が分かります。緑野郡山名村（現高崎市）の官林を高島嘉右衛門への払い下げを取り消し、住民に払い下げることに尽力した、官営模範工場の新町屑糸紡績所が取水する用水をめぐる木部《きべ》村・阿久津村・森新田《もりしんでん》との紛議を仲裁した、破綻した上毛繭糸改良会社の周辺地域住民の持つ株式処分などです。これらの課題には、地域の資源を地域に活かす、地域にある権威に対抗しても地元の利益を優先して保護することが共通しています。そのために横浜の土建業者の高島嘉右衛門、新町屑糸紡績所などの権威に対して堂々と地元の利益を主張し、その許認可権を持つ群馬県庁の官吏に地元利益を優先することを主張して解決をはかろうとしています。こうした姿勢は衆議院議員になってからも継続しています。

大正十一年の日記の最後に「大正十一年成敗表」を記録しています。一年間の高津仲次郎の行動のうち成功、あるいは成果があったもの十件と、失敗、あるいは成果がなかったもの二件を簡潔に記したものです。例えば次の三件を「成」としています。

成　美九里村大字三本木神田伴作外五名学校有林盗伐事件寛典処分ヲ藤岡警察署ニ請ヒ聴許セラル

成　斎藤平九郎妻ヨシ（玉村学校教員）病気ノ理由ヲ以テ一級昇級辞職許可セラル、佐波郡長ニ対シ懇請ノ結果ナリ

成　鬼石郵便局長真下政太郎保管金流用ノ件ニ付逓信次官秦豊助、勅参小久保喜七ニ面会シ寛典ヲ望ミ容レラル

実にこまごまとした住民の悩みを聞き、警察署長、郡長、官吏、政治家と交渉して解決しています。日記には博打で拘留された近所の住民の払い下げ、離婚調停、子どもの通う中学校の紛争の解決なども記録しています。

群馬県会議員となり、群馬県全体の課題に立ち向かうとともに、近隣の住民の紛糾を仲裁し、困惑していることの相談に乗るなど地方名望家としての活動をしています。群馬県の民権運動以来の特徴として県全体で団結して運動を展開したことが挙げられますが、県知事を中心とする県庁が政府の出先機関として大きな権限を掌握していたために、それと対抗するためには民党勢力が団結しなければならなかったことがその原因となったのです。地方の課題を解決し豊かな社会を実現するために、国民の意向を反映できる政治を追求するとともに、経済的にも地域社会を振興することに努めています。

地域社会振興に有効だと高津が考える新しい分野の産業にも注目しています。明治期に金山などの開発に一時熱中しますがこれは失敗しました。大正期には自動車に注目します。現在でいうベンチャー企業の育成に熱心です。交通機関の整備は地域振興に欠くことのできないものとして重視し、上越線・八高線の開通、道路整備、橋梁の架設などに奔走しています。大規模に行い成功したのは水力電気事業です。

水力電気事業を発展させるためには、事業資金の確保、技術者の確保とともに法的な規制が多いために許認可権を持ち、情報を独占して政策決定の権限を持つ官僚から情報を獲得するとともに、官僚への働きかけが不可欠になります。財界、産業界と官界、政界を仲介する名望家が地域社会から要請されたのです。現在では政治家の汚職事件などにより財界、官界、政界の癒着が悪の根源のように酷評されていますが、情報が公開されていない当時にあっては、官僚と接触することができる限られた名望家がその情報をいち早く入手し、地域振興に有効に機能させることができたのです。さらに政策決定について地方名望家が圧力をかけ、許認可をはじめとする期待する政策決定をさせ、それで不充分であれば中央名望家に依頼して、官僚へ圧力をかけることを行ったのです。

地方の課題解決を依頼できる中央名望家と接触する手法は、個人的なつながりでした。さまざまな分野での中央名望家とのパイプをたくさん持っている地方名望家が、地方でのさまざまな課題を解決する能力があったことになります。

高津仲次郎は民権運動以来の人間関係を活用しますが、そのほか藩閥、学閥、同郷出身や、趣味を通した交流も多い。明治期には書画を通じての交流が多かったようです。中央名望家を地方へ招待して揮毫会のようなものがよく開催されています。最近は下火になったようですが麻雀、いまではゴルフなどがその機会になるようです。いずれにしても個人的なつながりを形成するには偶然的な要素が多分にあります。

地方名望家が中央名望家と接触し、政府に働きかける組織として利用したのが政党です。個人的な結びつきよりも合理的に活用できます。政党が弱小では政策決定に大きな影響力を持つことはできません。地方名望家にとって所属する政党が大きな権限を持ち、できれば政党自身が政策を決定し、遂行できる政権政党になることが望ましいと考えるのは当然でしょう。地方名望家にとって政党の主義主張も関係しますが、近代の政党所属のめまぐるしいまでの変化をみますと、選挙区の関係とともに、地方的課題を解決し、名望家の所属する地域社会の振興を進めることができるかが所属の判断基準になったようです。

最近では口利き政治というのは政治的不正の根源のようにいわれています。しかし、民衆の意見を政治に直接反映する機会がなかった高津仲次郎の時代には、それが地域振興のために有効だったのです。住民の意向を汲んだ地方名望家が政策決定権を持つ官僚に直接、あるいは中央名望家や政党を通して間接的に圧力をかけ、地域振興を実現したのです。地方名望家はその実現の見返りとして選挙得票を期待し、地域社会における政治的主導権を掌握することができたのです。さらにその謝礼として選挙資金を得ることもあったのです。高津仲次郎は小選挙区制から中選挙区制、大選挙区制を経験していますが、中島祐八らの強力なライバルがいた選挙区で、選挙に勝つためには代議士、県会議員、町村会議員の系列化を進め、その滅私奉公的な支援が不可欠でした。そのための選挙資金は莫大なものでした。資産にそれほど恵まれているとはいえない高津はその確保に頭を悩ませていたことでしょう。三度の投獄の経験のうち最後の大浦事件は、返却したとはいえ選挙資金確保が直接のきっかけになったのです。

地域振興を実現したことの報酬を期待し、それを堂々と公言したのは中江兆民でした。日記にも高津家文書にも兆民の名前はまったくみえませんが、高津はその主張を実践したようにもみえます。公娼設置運動の失敗を深刻に反省して、その関係史料を高津自身が処分したのかもしれません。選挙資金関係史料もまったくみえません。現在保存されている史料がすべてではありません。記録を作成しても不都合なものを意識的に処分した、あるいは記録化しなかった可能性がありま す。残されている史料だけでその活動すべてが解明できるとは限らないのです。私文書調査の難しいところでもあります。

高津仲次郎は名望家主導の地域社会を追求し、政策決定権を持つ官僚と対決できる体制を、ひとにぎりの有力な名望家の談合によって形成しようとしました。高津派と三俣派の調停に典型的にみられるような地域社会の秩序の安定が「平和」であると認識しました。その手法は密室政治です。名望家が受け入れられる範囲で民衆の意向を反映し、必要であれば村民大会のような形式で民衆の意向を直接表明する機会を容認しますが、民衆が直接政治に参加するわけではありません。議会政治は開始されましたが、制限選挙であり官僚の権力が強大な時代でした。官僚はさまざまな情報を独占して公開しませんでしたから、国民からは恣意的な判断による政策が実施されたとみられていたのです。そうした政治体制の時代ですから、官僚と民衆を仲介する立場の政党政治家が必要だったのです。

官僚が独占している情報をコネやカオを使って得て地域住民に伝え、また、地域住民の要望を官僚に伝える口利きを行う政党政治家が地域社会を振興させてきたのです。また、それを実現した地方名望家が地域社会で尊敬されてきたのだと思います。

〔参考文献〕

丑木幸男『評伝高津仲次郎』群馬県文化事業振興会　二〇〇二年
同編『高津仲次郎日記』一〜三　同　一九九八〜二〇〇〇年
同『地方名望家の成長』柏書房　二〇〇〇年
同『志士の行方』同成社　二〇〇一年
大久保利夫『衆議院議員候補者列伝　一名帝国名士叢伝』六法館　一八九〇年（大空社翻刻、一九九五年）
群馬県議会事務局編『群馬県議会史』第一〜四巻　群馬県議会　一九五一〜一九五六年
東京電力株式会社『関東の電気事業と東京電力』二〇〇二年
高倉新一郎『北海道拓殖史』柏葉書院　一九四七年
中江兆民全集編集委員会編『中江兆民全集』十七　岩波書店　一九八六年
新島襄全集編集委員会編『新島襄全集』（第三巻〜九巻）同朋舎出版　一九八七〜一九九四年
原奎一郎編『原敬日記』乾元社　一九五〇年
藤岡市史編さん委員会編『藤岡市史』資料編近代・現代　藤岡市　一九九四年

丑木　幸男（うしき・ゆきお）
1944年生まれ。国文学研究資料館史料館長・教授。日本近代地方政治史の研究を専門とする。主な著書に『群馬県の百年』（共著、山川出版社、1989年）『群馬県の歴史』（共著、山川出版社、1997年）『蚕の村の洋行日記』（平凡社、1995年）『地方名望家の成長』（柏書房、2000年）『志士の行方』（同成社、2001年）『評伝高津仲次郎』（群馬県文化事業振興会、2002年）などがある。

近代政党政治家と地域社会
平成十五年七月三十一日　初版発行
編　者　国文学研究資料館　代表　松野陽一
著　者　丑木幸男
発行者　片岡英三
印刷　製本　亜細亜印刷株式会社
発行所　株式会社　臨川書店
606-8204 京都市左京区田中下柳町八番地（左京区今出川通川端東入50ｍ）
電話（〇七五）七二一―七一一一
郵便振替　〇一〇七〇―二―八〇〇

ISBN 4-653-03727-2　C0321